Kenkyu Sosho No.636

研究双書

途上国の障害女性・障害児の貧困削減

数的データによる確認と実証分析

森　壮也：編

IDE-JETRO アジア経済研究所

研究双書 No. 636

森　壯也編

『途上国の障害女性・障害児の貧困削減――数的データによる確認と実証分析――』

Tojoukoku no Shougai Josei・Shougai Ji no Hinkon-Sakugen: Su-teki deta ni yoru Kakunin to Jissho-Bunseki

(Poverty Reduction of Women and Children with Disabilities in developing countries: the Quantitative Data and the Empirical Research)

Edited by

Soya MORI

Contents

Introduction	Women and Children with Disabilities: How are they left behind the Development of their country	(Soya MORI)
Chapter 1	Formulation of International Norm on Disability Statistics	(Masayuki KOBAYASHI)
Chapter 2	Women and Children with Disabilities in Indonesia: Analysis using Population Census Data of 2010	(Takayuki HIGASHIKATA)
Chapter 3	Women with Disabilities in India – A Study Using the 2011 Population Census Data	(Hitoshi OTA)
Chapter 4	Children with Disabilities in India: the Children Left behind the General Prevalence of Education	(Yuko TSUJITA and Prakash Singh)
Chapter 5	Empirical Analysis of the situations of Women with Disabilities and the education of Children with Disabilities in Cebu, the Philippines from the comparative view with Luzon	(Soya MORI and Tatsufumi YAMAGATA)

〔Kenkyu Sosho (IDE Research Series) No. 636〕
Published by the Institute of Developing Economies, JETRO, 2018
3-2-2, Wakaba, Mihama-ku, Chiba-shi, Chiba 261-8545, Japan

　　　　　　　ま　え　が　き

　本書は，アジア経済研究所が2015年度から2016年度まで2年間実施した「途上国の障害女性・障害児の貧困削減」研究会の最終成果である。本書は，「障害と開発」に関わるアジア経済研究所の研究双書としては，5冊目のものになり，アジア経済研究所外で刊行された単行書も含めると9冊目のものとなる。障害女性については，小林昌之編『アジア諸国の女性障害者と複合差別――人権確立の観点から――』（アジア経済研究所研究双書 No. 629，2017年）で法制度的な分析がなされたが，これは法制の専門家を中心とした定性的な研究であり，実際の障害児や女性のデータの定量的な研究はまだ進んでいない。これを経済学の観点から実証していくというのが本書のねらいである。

　また森壮也編『途上国障害者の貧困削減――かれらはどう生計を営んでいるのか――』（岩波書店，2010年）や森壮也・山形辰史著『障害と開発の実証分析――社会モデルの観点から――』（勁草書房，2013年）で，途上国の障害者の貧困状況について実証分析の取り組みが開始されたが，そこで明らかになった障害女性の問題について，本書では，これまでの研究ではあまり実証的に研究がなされていない障害児の問題と合わせて分析を行った。その際，さらに広汎でかつ新たに集められたデータ，その実態を数量的に示したデータによって明らかにし，なおかつ計量的な方法も行うことで問題点をあぶりだそうとした。本書は，そのための関連データがすでに整備されつつある国のデータを用いる，あるいは，それをモデル的に作成することで，SDGs後の諸問題に先駆的に答えていこうというものである。

　「障害」は，2000年代の国際的な開発目標として大きな力をもったMDGsでも8つの目標のなかには含まれていなかった。しかし，2016年以降のポス

ト MDGs である SDGs では，その後の国際的なコンセンサスを背景に解決すべき最重要課題のひとつとして，「障害」をサブ目標のかたちではあるが組み込むに至った。一方で，各国の開発戦略のなかに障害を包摂させる際には，各国の障害統計の整備が最重要課題となる。しかし，統計に関しては，一部の国でセンサスのなかにようやく障害項目が入るようになってきた段階というのが現状であり，障害者の貧困状況の分析についてはいまだに課題となっている。

開発途上国の障害者全般の貧困削減については，森（2010）や森・山形（2013）などで，統計データによる実証分析でいくつかの注目すべきイシューの抽出や重要なファクターについて明らかにすることができた。その過程のなかで浮かび上がってきたのは，とくに障害女性，また障害児のおかれた状況の深刻さである。たとえば，フィリピンのようなジェンダー政策が他国と比べて比較的進んでいる国でさえも，依然として障害者の男女格差は大きい。また障害児については，他国でも非障害児と比べて，障害児の就学率が非常に低く，なかには 8 割，9 割は学校に行けていないという数字も出て来た。このことに注目して本書では，障害女性と障害児にとくに焦点を当てた。障害女性と障害児について，非障害女性や非障害児，また障害者内での差などをアジアのいくつかの国々を取り上げてさらに実証的に分析した。開発途上国の障害女性と障害児の貧困に関わる先行研究では，障害者の貧困や格差の問題が指摘されてきたが，統計的な分析に基づいた分析は少ないというのが現状であり，本書では，従来の質的研究で指摘されている問題を実際の数量データによって検証することで，研究の間隙を埋めていこうとした。

具体的なリサーチ・クエスチョンとしては，①女性障害者の男性障害者に対する格差は，非障害者の男女格差と同程度の格差なのか，②障害児のおかれている状況は，数量的にはどのようなものなのか，といったものがある。とくに家族や障害コミュニティの役割や，家族構成員のあいだでの格差など，障害女性や障害児を取り巻く社会の役割を分析することで「障害の社会モデル」の実証分析も果たされる。

国連障害者の権利条約は，日本も署名して加盟国となっているが，この条約の第31条では，各国における障害統計の分析の進捗や統計の不足についても言及されている。本書はそれに応えるものとなろう。ここで得られた分析は，現地の貧困削減政策での活用にも役立つはずである。また既存統計の実際の応用分析の仕方についてもモデルを提示することができる。本書で取り上げた以外の国々においても同様の分析と政策への応用が期待される。またSDGsやそれ以降の国際的な貧困削減政策への日本の国際貢献に障害者，とくに障害女性，障害児といった障害者のなかでも周縁部にいるとされる人たちを包摂する際に参考になる資料となり，より排除の少ない開発，国際協力に貢献することができよう。

　この2年にわたる研究会では，本書の執筆を担当した研究所内の研究員はもとより，研究会講師として，2015年度には，長江亮先生（早稲田大学政治経済学術院）においで頂き，編者も参加しているREAD（総合社会科学としての社会・経済における障害の研究：代表者　松井彰彦教授）やREASE（社会的障害の経済理論・実証研究：同）における日本国内の障害者の経済調査の結果とその経済学部分析についてご報告頂いた。また北村弥生先生（国立障害者リハビリテーションセンター研究所　障害福祉研究部社会適応システム開発研究室室長）には，本書でも紹介されている国際的な障害統計の問題に取り組んでいるワシントン・グループに日本から継続して参加されているお立場で，同グループでの議論についてご紹介頂き，国際的にどのような課題があるのかをお話し頂いた。さらに2016年度には，古田弘子先生（熊本大学教育学部教授）にお越し頂き，先生が長年取り組んでおられるスリランカの障害児教育の歴史と現状，加えて同国の障害女性の状況についてご紹介頂き，本研究会での議論にも参加して頂いた。こうした外部の方々からのインプットや諸議論も本書の作成にあたり大きく役立っている。改めて外部講師の方々のご協力に感謝したい。また研究会メンバーの担当国への調査についても現地の障害当事者団体，政府機関等多くの方々にお世話になった。これらの皆さんの協力も本書の元となるデータ，また議論の土台となっている。この場を借り

て御礼を申し上げたい。このほか，研究会において，ろう者である編者と他のメンバーとの議論の際には，専門手話通訳の方々にご活躍頂いた。こうした制度の活用にあたっては職場の研究支援部門の皆さんにも通訳の方々同様，大事な支援を頂いた。これらすべての皆さんにも感謝申し上げたい。

　最後に，研究所内外の匿名の査読者の方々には厳しくも，的確なコメントを頂いた。最終成果が世に出るためのこれらのコメントのもつ意義については改めて申し上げるまでもない。「障害と開発」という障害学と開発論の双方にまたがる学際領域の研究では，それぞれの分野からの学術的な吟味は，より質の高い研究成果を送り出すために大事なものであることを今回も痛感させられた。査読者の皆さんにも改めて御礼申し上げたい。

　冒頭にも述べたように，本書は，これまでさまざまな場所で論じられてきた障害女性，障害児のおかれている貧困状況について，数量データによる裏づけとその分析を行ったものである。途上国でこれらのデータを的確なかたちで得るのには今なお多くの困難があるが，それでもここまではできるという具体的な一歩を提示できたのではないかと自負している。もちろん，これは最初の一歩に過ぎず，今後，さらに多くの国々でデータが用意されること，またそれらを用いた政策分析にも耐え得る実証研究が今後，さらに発展していくことを望んでいる。本書がそうした開発研究のための礎のひとつとなることを最後に願って本書のまえがきとしたい。

2017年12月

編　者

目　次

まえがき

略語表

序　章　障害女性と障害児
　　　　——彼らはどのように開発から取り残されているのか——
　　　　………………………………………………………… 森　　壮也…… 3
　　はじめに——持続可能な開発目標と障害生計調査—— ……………… 3
　　第 1 節　障害女性と障害児 ……………………………………………… 7
　　第 2 節　国際的な場面における障害女性と障害児の取り扱いと
　　　　　　統計データの問題 ……………………………………………… 14
　　第 3 節　本書の構成 ……………………………………………………… 18
　　おわりに …………………………………………………………………… 22

第 1 章　障害統計に関する国際規範の形成 ………………… 小林昌之… 29
　　はじめに …………………………………………………………………… 29
　　第 1 節　障害統計に関する国連の取り組み …………………………… 30
　　第 2 節　障害統計に関するワシントン・グループ …………………… 38
　　第 3 節　開発アジェンダにおける障害 ………………………………… 44
　　おわりに …………………………………………………………………… 47

第2章　インドネシアの障害女性と障害児
　　　――2010年人口センサスの個票データを用いた分析――
　　　　　　　　　　　　　　　　　　　　　　　　　東方孝之…55

　はじめに …………………………………………………………………… 55
　第1節　障害者に関する個票データ …………………………………… 57
　第2節　障害女性の分析 ………………………………………………… 62
　第3節　障害児の分析 …………………………………………………… 72
　おわりに …………………………………………………………………… 80

第3章　インドの障害女性と貧困――国勢調査からわかること――
　　　　　　　　　　　　　　　　　　　　　　　　　太田仁志…85

　はじめに …………………………………………………………………… 85
　第1節　障害女性に関する統計 ………………………………………… 87
　第2節　先行研究が示すインドの障害女性 …………………………… 92
　第3節　国勢調査が明らかにする障害女性 …………………………… 97
　第4節　集計データを用いた因果関係の探索と
　　　　　障害女性に関するインドの「障害の社会モデル」………… 109
　おわりに ………………………………………………………………… 118

第4章　インドの障害児教育
　　　――教育普及になおも取り残される子どもたち――
　　　　　　　　　　　　　　　　　辻田祐子，プラカーシュ・シン…129

　はじめに ………………………………………………………………… 129
　第1節　障害児教育への取り組みと成果 …………………………… 130
　第2節　障害児の就学――2002年全国標本調査の分析―― ……… 137
　おわりに ………………………………………………………………… 147

第5章　フィリピンの障害女性・障害児の教育についての実証分析
　　　　………………………………………………… 森　壯也・山形辰史 … 153
　はじめに …………………………………………………………………… 153
　第1節　フィリピン中南部ヴィサヤ地方における障害者 ……………… 155
　第2節　障害女性と障害児のいる家計の調査（記述統計分析）………… 165
　第3節　障害女性と障害児のいる家計の調査（教育水準についての
　　　　　実証分析）…………………………………………………………… 177
　おわりに …………………………………………………………………… 191

索　引 ………………………………………………………………………… 197

〔略語表〕

略語	英語	日本語
ALS	Alternative Learning System	障害者のための代替的学習システム（フィリピン）
BPO	Business Processing Outsourcing	ビジネス・プロッセッシング・アウトソーシング
BPS	Badan Pusat Statistik, The Indonesian Central Bureau of Statistics	インドネシア中央統計庁
CDC	Census Data Centre	センサス・データ・センター（インド）
DHS	Demographic and Health Surveys	人口保健調査（米国）
DISTAT	DISability STATistics	障害統計データベース（国連）
DISTAT2		障害統計データベース第2版（国連）
ESF	Extednded-Set on Functioning	拡張版障害統計質問
FDWHCC	Filipino Deaf Women's Health and Crisis Center	フィリピンろう女性保健・危機センター
GDP	Gross Domestic Product	国内総生産
GMA News	Global Media Arts Network News	フィリピンの全国放送のひとつ
IAEG-SDG	the Inter-agency and Expert Group on SDG	SDGsの指標を検討する国連機関間・専門家グループ
ICF	The International Classification of Functioning	国際生活機能分類
ICF-CY	International Classification of Functioning, Disability and Health: Children and Youth version	国際生活機能分類児童版
ICIDH	International Classification of Impairments, Disabilities, and Handicaps	国際障害分類
IDDC	The International Disability and Development Consortium	世界障害と開発コンソーシアム
IDA	The International Disability Alliance	国際障害同盟

IHS	Integrated Household Survey	総合家計調査（英国）
IQ	Intelligence Quotient	知能指数
JNU	Jawaharlal Nehru University	ジャワハルラール・ネルー大学（インド）
LSMS	Living Standards Measurement Study	生活水準指標調査（世界銀行）
MDGs	Millennium Development Goals	ミレニアム開発目標
MDS	The Model Disability Survey	モデル障害調査（世界銀行）
MICS2	Multiple Indicator Cluster Surveys, Household Survey	第2回複数指標クラスター調査（UNICEF）
NCDA	National Council on Disability Affairs	全国障害者評議会（フィリピン）
NGO	Non Governmental Organization	非政府団体
NSS	National Sample Survey	全国標本調査（インド）
OBC	Other Backward Class	その他後進諸階級（インド）
OLS	Ordinary Least Squares	最小自乗法
PCW	Philippine Commission on Women	フィリピン女性委員会
RBIs	Registry of Barangay Inhabitants	バランガイ（村）住民登録簿（フィリピン）
RTE	Right to Education Act	無償義務教育に関する子どもの権利法（インド）
SC(S)	Scheduled Castes	指定カースト（インド）
SDGs	Sustainable Development Goals	持続可能な開発目標
SPED	Special Education	特別支援学校（フィリピン）
SSA	Sarva Shiksha Abhiyan	教育普遍化キャンペーン（インド）
SSF	Short Set on Functioning	短縮版障害統計質問
ST(S)	Scheduled Tribes	指定部族（インド）
Susenas	Survei Sosial Ekonomi Nasional, the Indonesian National Socioeconomic Survey	インドネシア社会経済調査
UNDESA	United Nations Department of Economic and Social Affairs	国連経済社会局
UNESCO	United Nations Educational, Scientific and Cultural Organization	国連教育科学文化機関

UNICEF	United Nations International Children's Emergency Fund	国連児童基金
UP	Uttar Pradesh	ウッタル・プラデーシュ州（インド）
WHO	World Health Organization	世界保健機関
WHS	World Health Survey	世界健康調査
WPA	World Programme of Action Concerning Disabled Persons	障害者に関する世界行動計画（国連）

途上国の障害女性・障害児の貧困削減

序　章

障害女性と障害児
―― 彼らはどのように開発から取り残されているのか ――

森　壮　也

はじめに ―― 持続可能な開発目標と障害生計調査 ――

　本書では，開発途上国の障害女性と障害児の貧困について，利用可能な統計データを用いた分析を行う。先行研究では，障害者の貧困や格差の問題が指摘されてきたが，統計的な分析に基づいた分析は少なく，指摘されている問題を実際のデータで検証することで，研究の間隙を埋めていく。なお，本書でいう「障害」は，国連障害者の権利条約でも用いられている「障害の社会モデル」（石川・長瀬 1999 ; 杉野 2007など）に沿った障害概念を用いる。すなわち，従来あったような障害を個人に起因させ，医学的な治療の対象とする医学モデルの立場とは異なり，「障害者の置かれている不利な状態の原因を，機能障害と社会的障壁の相互作用に求めたうえで，特に社会的障壁の問題性を強調する視点」（菊池・中川・川島 2015）で障害をみていく。

　まず，統計的な分析に基づいた研究が求められる背景について，ここで少し説明を試みる。2015年9月，それまでの国際社会の開発目標であったミレニアム開発目標（MDGs）を引き継ぐかたちで，持続可能な開発目標（SDGs）が国連総会で150カ国以上の参加のもと採択された。MDGsと比較すると，SDGsにおいては障害者に関する言及が増えたといえる。

　しかし，「障害と開発」の開発目標への導入という問題については，少し

時間を遡って考えてみたい。SDGsに15年先立つ2000年からのMDGsに関しては，その成立過程で障害者についての議論を取り入れ損ねていた。このように障害者についてほとんどふれられずに開発目標が設定されてしまったという事態に直面し，国際社会の障害者コミュニティが積極的にかかわるかたちで，国連障害者の権利条約が2000年に提案され，その結果として同条約は2006年に総会で採択された（森2008；長瀬2008）。SDGsの議論が本格化したのは，その後，この国連障害者の権利条約が2008年に発効したあとである。MDGsで障害の問題を包摂させ損なったという失敗を繰り返さないため，開発途上国における障害者の貧困問題をSDGsの開発目標に組み込むことが期待された。しかし，SDGsは，一見，障害という側面よりは，持続可能性，つまり環境に焦点が当てられた（山形2015）。したがってジェンダー以外のクロスカッティング・イシューも包摂の取り組みが遅れてしまった。最終的にSDGs17主目標のなかに障害は明示的に取り込まれなかった。

　障害はSDGsにおける17の主目標のなかには入らなかったが，以下の表序-1に挙げたように，目標の下位目標である169のターゲットのうちの7つにおいて言及されている。このようなかたちで，SDGsの下位目標には，障害が含まれている。これはMDGsとの大きな違いである。

　SDGsのターゲットでは，これらのほかにも脆弱な人たちのなかに障害者が含まれること，インクルーシブな教育の対象に障害児も含まれることが明記されており，障害の問題は，17の主目標には明文化されたかたちでは入らなかったものの，脆弱な人たちというくくりのなかで女性や高齢者，子ども，先住民といった他のカテゴリー同様重要な構成要素とみなされていることがわかる。このことは，従来の貧困者全般を取り上げた枠組みだけでは，こうした人たちの開発への参加がきちんと保障されてこなかったことへの国際開発分野での反省のうえに立った目標づくりがなされたことを意味する。また，脆弱な人たちをひとくくりにして取り上げるだけでなく，障害をはじめとした脆弱な人たちの下位範疇名についてもとくに具体的に上げることで，それらの一つひとつに対する重点的な取り組みを求めているものだといえる。一

表 序-1　SDGsのターゲットにみられる障害への言及

SDGsのターゲット	障害への言及
目標4：質の高い教育	「すべての人」のなかに障害者も含まれる（4.a）
	ジェンダー平等のための教育や平等なアクセスは障害者についても必要なこと（4.5）
目標8：持続的，包摂的かつ持続可能な経済成長，生産的な完全雇用およびディーセント・ワーク	障害者も完全で生産的な仕事，まともな仕事につけること（8.5）
目標10：国内および国家間の不平等の是正	障害についても諸国間のあいだでの不平等をなくすこと（10.2）
目標11：包摂的，安全，レジリエントかつ持続可能な都市と人間の生活	障害者にもアクセシブルで持続可能な交通手段を提供すること（11.2）
	ユニバーサルかつ安全で，インクルーシブで，自然に恵まれた公共のスペースへのアクセスをとくに考えるべき人たちのなかに障害者もいること（11.7）
目標17：グローバル・パートナーシップ	社会的・経済的・政治的インクルージョンのためにエンパワーし，これを推進すべき側面のなかに障害を含め，各国との連携において，統計データの整備を行うこと（17.18）

（出所）　筆者作成。
（注）　カッコ内はターゲットの番号。

方，もちろん，障害にはその他の脆弱な集団とは異なる側面もあり，開発課題のなかでなかなか焦点とはなりにくかったという面もある（森・山形 2013, 9-16）。

　開発途上国の障害者の貧困状況の実態はSDGsのなかの重要なサブ・テーマのひとつである。世界銀行は貧困者の2～3割は障害者であると推計しており（Elwan 1999），彼らの問題の解決なくして世界の貧困問題の解決は望めないとした。また障害と貧困の相互の因果関係はDFID（2000）をはじめとして多くの文献で論じられ，検証も進められている。ただ，多くの議論はケース・スタディからの推論に基づくものが多く，SDGsの数値目標につなげられる定量的な実証研究は少ない。

　こうした定量的な実証研究のためにも，障害者の貧困状況の実態が把握できるような，統計の整備が重要である。実態がどのようになっているか，彼ら障害者の貧困にはどういった特徴があるか，どういった政策が必要である

のかを，エビデンスに基づいて提言していくために統計は必須である。SDGs でも統計整備の問題は目標17で取り上げられている。

　各国の具体的な事例と数少ない生計調査の事例からみえてくる，障害者の貧困の実態と焦点を当てるべきポイントの明確化は，SDGs がめざす「誰一人取り残さない」[1]開発のためにも必須である。しかし，アジア各国の政府統計をみても，障害データの整備の状況はいまだ十分ではなく，有効な政策が講じられているとはいえない。

　この点に関して，これまでいくつかの研究が行われてきた（Lamichhane and Sawada 2013など）が，とくに森（2008）で提起された障害統計の問題に対し，森編（2010），森・山形（2013），Mori, Reyes, and Yamagata（2014）は，実際の政府統計でできることを示し，また政府統計がない場合にどのような統計をつくるべきなのかをモデル的に実施し，得られたデータを元に具体的な分析を行った。森らの一連の開発途上国の障害者の生計と貧困状況の実際の分析からは，次のようなことが明らかになっている。非障害者の貧困比率と比較して障害者の貧困比率はその4倍近くと高くなっている一方，障害者のなかでも障害女性に焦点を当てるならば，障害男性に比して，教育年数が1年以上短く，所得に至っては障害男性の3分の1という，さらに厳しい格差のなかにおかれているという事実である。また，障害児について分析した黒田（2007）や森（2015）は，法的制度の整備も不十分で実際に教育に携わる人材も不足していることを指摘している。貧困家庭の場合には義務教育の学齢期間も子どもを学校に通わせられない状況が，非障害児以上に深刻な問題としてあることも指摘している。

　本書では，こうした先行研究をふまえて，障害者のなかでも障害女性が障害男性に比べてより貧困な状況におかれていること，同じように障害者のなかでもさらに脆弱とされる存在に障害児がいるということに焦点を当てて議論を進める。本書の序論となる本章では，この議論への導入として，第1節で，障害女性と障害児について，これまでどのような言説がみられたのかをフィリピンなどの事例で整理する。続く第2節では，国連での障害女性や障

害児についてどのような問題指摘がなされていたのかを整理し，国際的な問題喚起の状況についてまとめる。また同様に国連の枠組みのなかで，障害女性・障害児に関する統計の整備状況を概観する。そして第3節では，本書の構成について紹介する。

第1節　障害女性と障害児

1．障害女性

　前節でも述べたように，先行研究から浮かび上がってきたのは，障害男性と比べたときの途上国障害女性の貧困である。障害女性の貧困の問題について，ここでは，ジェンダー平等のための政策ではアジア随一であるといわれているフィリピンでの事例を用いて少し簡単に整理してみよう。

　障害女性の問題には，障害側と女性（ジェンダー）側とふたつのアプローチが可能であり，両アプローチを協働的に作用させることで問題が解決されると考えるのが普通である。フィリピンは，アジアの途上国のなかでは，このふたつの政策的枠組みが整っている国として知られており，フィリピンの事例からは示唆的な事実が得られることが期待されよう。そして森（2017）でも明らかにされたように，現実の政策のなかでは，先に想定されたような両アプローチの協働的な作用は，以下にみるように，必ずしも期待した成果を上げていないのである。

　フィリピンでは，政府の障害者支援の枠組みとして，NCDA（全国障害者評議会）が障害問題に関するフィリピン政府内の調整機関として，フィリピン社会福祉・開発省の下に存在している。一方で，ジェンダー対策についても，PCW（フィリピン女性委員会）が大統領府に設けられている。いってみれば，障害と女性，それぞれの問題に対応する政府の制度が完備されていることになる。

フィリピンは，ダボス会議で著名な世界経済フォーラムで2016年に発表された男女格差指数でも，7位であり，日本の101位をはるかに上回る男女格差の少なさを実現している[2]。つまり，こうしたジェンダー平等に取り組むための政府機関の設置や諸政策により，フィリピンは一般的なジェンダー格差の解消に成功している。では，障害女性と障害男性のあいだの格差は，どうだろうか。同国はアジアでも障害法の整備では，比較的進んだ国である（森 2010）。しかし，障害者支援政策でもジェンダー政策でもアジアのなかで進んでいたはずのフィリピンで，障害男性と障害女性の格差は，他の諸国と比して小さい状況にあるどころか，むしろ他の諸国と変わらず障害者の男女間格差は大きい状況にある。

　障害女性については，障害と女性のふたつの差別が重層的に存在している状況に注目した複合差別の問題が近年指摘されるようになった（浅倉 2016）。そして，複数の抑圧要因が単に加法的に起きている状況ではなく，むしろ乗法的に作用しているとされるこの複合差別がフィリピンでも起きていることが明らかになっている。障害女性の貧困状況は，実は，フィリピンに限ったことではなく，多くの途上国に共通している（小林 2017）。こうした複合差別について，当事者からの事例の指摘は出るようになってきているが，それを数量的に裏づけたものはまだほとんどない。

　一方，ジェンダー研究で，障害女性の問題はこれまでどのように議論されてきただろうか。実は，これまで「開発と女性」（Women in Development）や「ジェンダーと開発」（Gender and Development）で，女性の開発における役割や概念の検討等がなされてきたが，それらは，残念ながら，障害女性の問題については，ほとんどふれられてこなかったといってよい。ジェンダーと開発をアカデミックなかたちで取り上げた嚆矢とされる Boserup（1970）においても，女性による農耕の問題が主テーマであり，農業における女性の貢献の重要性を問うたものである。男性が技術や教育へのアクセシビリティを独占することは，女性の生産性を引き下げることにつながり，女性に周縁的な状況をもたらすというのがその議論の骨子である。ボズラップの議論を援用

すると，この女性がおかれている状況は，障害女性については，男性／女性という位置関係がそのまま，非障害者／障害者に置き換えられたかたちで作用することになるであろう。技術やアクセシビリティから疎外された障害女性は，女性のなかのそのまた「女性」ということになる。こうした障害女性という存在について，ボズラップは残念ながらその想像力を拡げて議論していない。

　障害女性の問題は，ジェンダーの問題でもあるのに十分な議論がこれまでされてこなかったことがわかった。一方，ジェンダー研究の視点からは，アマルティア・センによるケイパビリティ・アプローチも外せないであろう。たとえば，センはケイパビリティ・アプローチについての議論のなかで，インドの女性のケースを取り上げている。彼らの幸福が個人の厚生の最大化だけではなく家族を第1とする価値観の影響も受けるとして，ジェンダーや性別を意識した観察と厚生の拡大とを分離して考えることの問題点をセンは指摘しているのである（Sen 1990）。こうして個人ではなく家族を基盤とした社会でも普遍性をもつ厚生のあり方を突き詰めることで生まれたのが，センの有名なFunctionings（機能）とCapabilities（潜在能力）のふたつの概念である。前者は人々が価値をおき，実施していることであり，後者はそれを行う能力のことである。センは，家計内のジェンダー分業と資源のジェンダー配分において，協力と軋轢とが同時に起きていることも指摘した。すなわち家庭内での女性の交渉力は彼女たちが家庭外で稼得してくる賃金や彼女たちの生産活動への関与によって拡大はするものの，それだけでは女性の行動は説明することができず，社会的な諸規則や因習によって，女性の家庭内での行動が制約を受けていることに注目すべきだということである。つまり，FunctioningsやCapabilitiesを制約するものとして社会的な諸規則や因習が作用している場合がある。センの議論の「ジェンダーと開発」へのインパクトは大きく，ヌスバウムはセンのケイパビリティ・アプローチの哲学的な基礎づけを進めた（Nussbaum 2001）。彼らの研究によりケイパビリティ・アプローチは，人間開発研究の中心となり，開発における福祉の指標である国連の人間開発指標として具体化した。

この社会的制約や因習への注目は，障害女性が受けている状況の理解にもつながる。たとえば，結婚対象としての評価や主婦としての女性役割への期待は，まさにこうした社会的制約や因習であり，障害男性と障害女性のあいだの婚姻率の違いや婚姻対象の違い，障害の違いと貧困状況との関連を，もっと突き詰めて検証しなければならないということも，センの議論から導き出せる。しかし，障害女性の問題は，これらの先駆的研究のなかで明示的には焦点を当てられてこなかった。障害女性の問題は，「障害と開発」(Disability and Development) において開発の問題として登場したあと，長谷川 (2009)，金澤 (2011; 2013)，古田 (2013) によって，より具体的な貧困や教育の問題として取り上げられるようになっている。

2．障害児

　障害女性と同様，障害児についても，開発における位置づけや考察の深まりは，まだ十分とはいえない。日本ですら障害児の貧困そのものを扱った論文は管見のかぎりほとんどなく，この分野での先行研究は，次段落で紹介する教育学やリハビリテーションを中心とした議論である。本章では，とくに障害と貧困との関係について分析した先行研究をメインにみておきたい。
　障害児と貧困に関連する数少ない研究例として，Fujiura and Yamaki (2000) は，子どもに障害があるということでその後の経済状況にどのような影響があるのかを分析したものである。この米国の統計を用いた研究では，片親の家計に障害児が多いこと，人種や民族といった要素は障害児家計では大きな貧困要因では必ずしもない，といった点などが指摘され，教育が問題の解決に有用であることを論じている。
　同様に米国データを用いた Park, Turnbull, and Turnbull (2002) は障害児がいることによる家計への影響を分析している。Emerson (2004) は，先進国で貧困が知的障害児の保健に及ぼす影響を分析している。以上は，いずれも先進国のデータを用いた分析である。

途上国の障害児の貧困の問題については，障害者全般の貧困の問題のなかで言及されている程度であり，データを用いた具体的な分析はほとんどなされていない。政策対象として，障害児の貧困問題は取り立てて言及されておらず，障害児についての指摘や研究もほぼ障害児の教育についてのものであるという現状である。これは，彼らの貧困状況の原因は，おもに障害児が学校教育を受けられないからであるというコンセンサスがあることが理由と考えられる。白銀（2016）は教育権の保障という立場から書かれた社会科学系の研究としては数少ない貴重な研究である。同論文は，ベトナムの障害児について障害児の教育に対する権利保障という観点から，同国の1980年憲法と1992年憲法を軸とした教育関連法規にみる障害児への教育に込められた政治的意図を導出しようとしている。それ以外の研究をみると，そのほとんどが教育学やリハビリテーションの立場からの論文である[3]。

開発論の立場からアプローチした数少ない研究のうち，注目すべきものとしては，Filmer（2008b）がある。これは，障害児教育の状況を多国間で比較したものである。フィルマーは，米国国際援助庁が途上国で広く行っている人口保健調査（Demographic and Health Survey: DHS），UNICEFの第2回複数指標クラスター調査（MICS2），英国統計局の総合家計調査（IHS），世界銀行の生活水準指標調査（LSMS）から得られたデータを用いて子どもたちの学校への入学と就学状況を調査した。注目されているイシューは，貧困，進学状況，都市と農村の差，孤児かどうかといったもので，これらがジェンダーと絡めて分析されており，そのなかで障害とジェンダーについても分析が行われている。フィルマーが指摘している障害児統計に関する問題のひとつは，各国での障害の定義の違いである。この各国間での障害に関する質問の違いは障害児に限ったことではなく，森編（2010）で議論しているように障害統計全般にかかわる課題である。ただし，そうした制約はあるものの，複数の統計の比較から，フィルマーは，そのような定義の違いは，大きな障害比率の違いという結果をもたらすことはさほどないとしている。

フィルマーの研究結果をもとに，そうした子どもたちの諸特性別に見た学

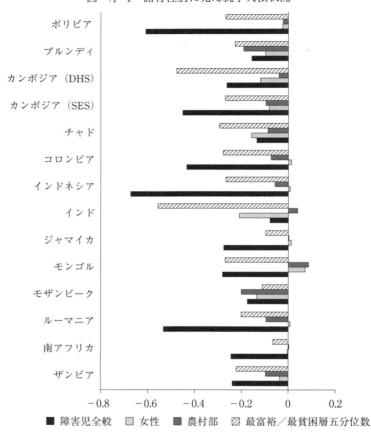

図 序-1 諸特性別に見た就学欠損状況

(出所) Filmer (2008a, 158).
(注) 就学欠損は，6〜17歳（ブルンディのみ6〜14歳）で多変数プロビット・モデルで各特性別のダミー変数をとった時の限界効果。

校教育達成度の指標の概観についてまとめたものが図序-1である。図からは，黒塗りの棒グラフで示されている障害要因は，ジェンダー，都市／農村の別，出身家庭の経済状況といった要因と比べ，就学できない状況につながる影響が大きいということがわかる。このことから，フィルマーは子どもたちについて，障害は長期的な貧困をもたらす可能性があるとした。つまり，障害児

は人的資本を十分に獲得できないために，高所得を得られる可能性が低くなるとしている。ここからは，障害児の就学欠損問題の解決は学校に入る時点から早期のうちに対処される必要があるということになる。

　つぎに，ここで障害児や障害女性の問題が複合差別と呼ばれる複数の差別の問題の具体的な例であることを思い起こそう。小林（2017）が詳説しているように国連障害者権利条約では，女性障害者の問題にこの複合差別があることを「交差的差別」（Intersectional Discrimination）という言葉で説明している。同様の概念は UNICEF によってもマイノリティの子どもたちについて指摘されてきているが，小林は，女性障害者が直面する交差的差別を，多重な差別の形態であり，多様なアイデンティティの層に基づき複数のかたちの差別が交差して，二重の差別や三重の差別であると描写するだけでは正しく理解できない独特なかたちの差別を生み出すものであると説明している。こうした障害女性や障害児が直面している複合差別の問題を理解するためには，途上国の少女が直面する他の複合差別に関連した実証的論文を通じた理解も大切である。

　Lockheed（2008）は，少女であると同時にその他の要因も併せ持つ，つまりそうした複合差別に直面している少女たちの状況の数字を掲げた研究の成果である。ナイジェリア最大の部族の言語ハウサ語を話す少女たちとそれに対するマイノリティ言語となるヨルバ語を話す少女たちを比較し，複合差別の結果，就学率がさらに低くなっていることを示している。スリランカでもマイノリティのタミール族の9〜11歳の少女たちは，マジョリティのシンハラ族の少年たちよりも就学率が10%低いという（Arunatilake 2006）。ラオスでは，高地部族（Hill Tribe）の農村部[4]に住む少女たちは，タイ族の都市部に住む少女たちが丸8年学校に行くのに比べると2年短い期間しか学校に通えていない（King and van de Walle 2007）。パキスタンの2001〜2002年の調査によれば，15〜19歳の子どもについてみると，農村部の少女は都市部の少女たちよりも45ポイント少ない比率でしか学校に通えておらず，少女たちの通学率は同じ農村部の少年と比べても10ポイント低いという（Lloyd, Mete, and Grant

2007)。グァテマラでは，先住民でスペイン語を話さない少女たちのうち，小学校を卒業できる子どもは，同じような先住民の少年たちが45％，スペイン語を話す少女たちが62％なのに対し，わずか26％である（Hallman and Peracca 2007)。スロヴァキア共和国の例だと，マイノリティの少女たちで中学校に通えるのは，非マイノリティの少女たちだと54％なのに対し，わずか9％にすぎない（Lewis and Lockheed 2006)。いずれも，マイノリティという条件のもとにある子どもたちの教育における厳しい状況がうかがえる。Lockheed（2008）は，こうした状況下にある少女たちが，もし教育の機会を得られると，そうではない子どもたち以上の成果を上げるケースも多いことを，ペルーやエクアドル，ラオスでの研究を紹介して示している（Lockheed 2008, 119)。

　障害以外のデータとの比較からは，Lamichhane（2015）は障害児教育の収益率が，19.3％から25.6％と非障害児（10％台）と比べると高くなっていることを示している（Lamichhane 2015, 129)。障害児，なかでも障害女児も現在おかれた複合差別の状況からすると，本来得られるべき高い収益率が実現できていない可能性がある。

第2節　国際的な場面における障害女性と障害児の取り扱いと統計データの問題

1．障害の国際統計

　ここで，障害者のなかでも最も周縁化されている人たちである障害女性や障害児の統計データについて，国連でこれまでどのようなかたちで言及されてきたのかをみてみる[5]。まず，そもそも障害データへの取り組みがどのように始まったのかということを少し整理しておきたい。

　障害女性や障害児が抱える問題を統計データで明らかにすることは，国際

的な障害統計整備の面でも他の一般的な開発関連の統計と比べると遅れており，ようやく1980年代に入ってから出てくるようになった。1981年の国際障害者年のあと，国連総会は障害者に関する世界行動計画（WPA）を採択したが，そのなかに障害統計の諸目的と使用についての勧告が明示的に含まれていた。WPAのあとの国連の障害に関する国際的な取り組みとしては，障害者の機会均等化に関する基準規則（The Standard Rules on the Equalization of Opportunities for Persons with Disabilities）（1993）[6]が著名であるが，障害統計についての具体的な取り組みが始まるのには，さらに少し時間がかかった。

2003年になってようやく国連統計委員会（UN Statistical Commission）が，国際比較可能な障害についての統計の収集を保障する必要性を強調した。同委員会は，国連統計局（UN Statistics Division）が開発した「人的機能と障害質問」（Human Functioning and Disability Questionnaire）を盛り込んだかたちの国連人口統計年鑑システムによる通常ベースの障害統計の収集を承認している。

こうしたいくつかの段階を経て，ワシントン・グループ（Washington Group）による国際比較可能な障害データ作成のための議論が開始された（詳細は本書第1章参照）。世界保健機関（WHO）が障害についての定義を2001年に改訂し，それまでの障害の医療・個人モデルに基づいた国際障害分類（ICIDH）から，障害の社会モデルを取り入れた「生活機能・障害・健康の国際分類」（国際生活機能分類，ICF）へと改訂する動きがあった。この改訂をどのように設問に反映するかが，ワシントン・グループでの最大のイシューとなった。たとえば「あなたには障害がありますか？」という設問は，ICFに照らすと不適切で，これは医療に関する状況に焦点を当てた設問とみなされた。この設問は，障害とは何かということが文化間でちがうという点を考慮に入れていない設問だからというのがその理由である。旧来行われてきたような医学的な問いに代えて，基礎的な動作の困難や参加の際のバリアといった個人の経験に焦点が当てられた。このように日常動作をベースとした設問の方が，文化間の差異の影響をこうむることがより少ないとして，これらに基づいて拡張版障害統計質問（Extended-Set on Functioning: ESF）と短縮

版障害統計質問（Short Set on Functioning: SSF）が議論されるに至った。

2．障害女性の統計

障害統計についての関心とその必要性についての理解が進むなか，障害女性の統計については，属性としての男女の別は一般的設問のなかで必ず問われているものの，分析の際に障害女性の抱える問題に焦点を当てた分析が長らくきちんとなされてこなかった。吉田（2016）は，日本の統計に限定された分析であるが，政府統計，民間調査を含めた日本の「障害者ジェンダー統計」[7]の整備／不整備の状況をまとめている。こうした障害の観点を「ジェンダー統計」[8]に加えた統計整備は，障害統計の整備が遅れているなかで，現在，ようやくその必要性が認識されつつある段階にあるといえる。

概念的には，先に述べた障害統計について初めて本格的にふれた国連の障害者に関する世界行動計画（WPA）でも障害女性の問題自体は次のようなかたちで認識されている。

「欠陥や能力不全は，とくに女性に深刻な結果をもたらす。女性が，たとえば，ヘルスケア，教育，職業訓練および雇用についての機会を与えられないために，社会的，文化的，経済的に不利な立場におかれている国がたくさんある。加うるに，彼女らが身体的もしくは精神的に障害者であった場合には，能力不全を克服するチャンスは少なくなり，社会生活に参加することはいよいよ困難になる。家庭においては，障害者になった親の世話をする責任はしばしば女性に任せられ，そのことが彼女らの自由と他の活動に参加する可能性をかなり制限することになっている」（障害者に関する世界行動計画）[9]。

こうした障害女性の問題への関心は，先に障害統計全般のところで述べたWPAを少し遡る1990年にウィーンで国連社会開発・人道問題センターの女性の進歩部（United Nations Office at Vienna, Centre for Social Development and Humanitarian Affairs, Division for the Advancement of Women）が開催した報告会でも出てきている。これは『障害女性についてのセミナー』[10]で，国連経済

社会理事会の求めにより，脆弱な集団に障害女性を含めようとしたものである。このことから，開発過程に障害女性を統合させようという取り組みは，国連のなかでは1990年代から出てきていたことがわかる。

　ただ，これを実際の統計のなかで「ジェンダー統計」の考え方に沿ったかたちで明示的に取り扱い，分析して，障害女性に焦点を当てていくという取り組みは，いまだに遅れているといわざるを得ない。

3．障害児統計をつくる際の問題点

　障害児統計については，UNICEFが2013年に『世界子供白書2013』[11]で初めて，障害児をテーマにまとめたことを特記すべきであろう。同報告書では，障害のある子どもたちが非障害児と比べて，教育や保健など諸資源へのアクセスをどれほど奪われているかについて，多数の実例や数字で示しているが，とくに巻末の統計表が現時点での障害児の統計の国際的な整備状況をよく示している。ただ，保健や学校教育，人口動態についての数字は，ある程度得られているものの，障害児がいる家計の貧困状況や彼らが直面している諸バリア，とくに学校や地域社会での諸バリアなどについての統計はまだない。

　前節で紹介したワシントン・グループによる各国で比較可能なセンサスに組み込まれた障害統計をつくるための取り組みでも，障害児についての設問で，次のような問題点が，同グループの議論のなかですでに指摘されてきている。ひとつは，成人と子どもの身体能力の違いが十分に考慮された質問になっていないため，子ども用の質問表が別途必要なこと。ふたつ目に，子どもの発達について親の知識がどれだけあるかで回答が異なってくること。3つ目に文化的な差異の問題があること。最後が家族や社会的な文脈についての考察がまだ不十分であることである。これらの問題に対応した設問のあり方については第1章で議論されている。

　その他の障害児の統計についての諸問題は，Robson and Evans（2013）がこれをコンパクトにまとめている。同論文では，現状をまとめながら最後に

9つの勧告を挙げて，障害児統計のあるべき姿について意見を述べている。

第3節　本書の構成

　前節までにみてきたような現状と問題意識を念頭において，本書は以下のような構成となっている。各国間での比較可能な障害データの作成には，国連ワシントン・グループが取り組んでいる（森編 2010）。これを受けて本序章に続く第1章では，「障害統計に関する国際規範の形成」と題し，国連を中心とした障害統計の整備に関する規範の形成および障害統計の国際基準をめざすワシントン・グループの取り組みを論じたうえで，実際の開発目標や行動計画における障害指標の取り扱いについて検討している。その結果，国際的に Disaggregation，細分化と呼ばれる障害についての統計をそのなかできちんと可視化するための取り組みが進められているほか，障害者権利条約のような国際的条約履行に向けた政策実施のために障害統計の整備が必須であることについて，国際的な理解が進みつつあることを明らかにしている。このように，障害統計に関する取り組みが進みつつあるなか，統計関連のワシントン・グループの国際協議の場では，障害児用の質問についてモジュールの開発が進んでいる。しかし，障害女性についてはそうしたモジュールの開発が進んでいないなど，障害女性にかかわる統計への取り組みが遅れていることも明らかとなった。

　第2章以降は，事例分析である。本書で取り上げるのは，インドネシア，インド，フィリピンの3カ国である。インドとフィリピンは，1990年代というアジアでも早くから障害者法の整備が進んだ国である。この2カ国では，政府統計を含めて障害者数の把握から始まる障害統計の基盤も進んだ。障害女性と障害児という障害者全般に対する政策のなかでも遅れがちな領域で，これまで挙げてきた成果を検証していくという意味でも重要な国々である。一方，必ずしもそうした政策的対応が進んでいなかった国もある。そうした

場合には，統計もないという国がほとんどであるが，例外的に比較的整備が進んでいたことに注目してインドネシアを他の国々との比較のため取り上げた。インドネシアは，とくに障害に関する情報が豊富に入っているデータが個票で得られる国であり，障害についての政策ではまだこれからという側面があるものの，幾多の島々からなる国土に住む障害者について，実情把握の基盤をもつ国である。以下，インドネシア，インド，フィリピン3カ国における障害女性，障害児の実態を政府統計から得られる分析と合わせて現地で指摘されている実態とも比較していく。ただし，必ずしも政府統計は十分に活用できる状態になっているとはいえないことから，現時点でのデータ利用上での制約も含めて論じている。

　第2章は，「インドネシアの障害女性と障害児——2010年人口センサスの個票データを用いた分析——」である。インドネシアについては，東方（2010）がすでに障害全般について，政府統計をもとに分析している。同章では，2010年人口センサスならびに2009年社会経済調査の個票データを用いて，障害女性と障害児に特化した分析を行っている。分析から明らかになったのは，年齢が上がるほど男性と比して女性の方が障害者の比率がより高くなってくるということ，障害児の義務教育（小・中学校）課程からの中退率が非障害児と比して軽度障害の場合には12ポイント，重度障害の場合には59ポイントと高いこと，障害女性の教育水準は障害男性よりも低く，世帯ごとの支出水準も低いことである。障害児の義務教育課程からの中退率は，都市部の方が農村部よりも15.2ポイント低く，重度障害児のみを取り上げると，この差はさらに広がり小学校段階からの中退率が62.5ポイントとさらに高いことも示している。したがってインドネシアの障害女性は，重度でさらに農村部にいるほど義務教育中退という深刻な状況に直面していることが明らかになっている。

　2カ国目はインドである。第3章，「インドの障害女性と貧困——国勢調査からわかること——」では，インドの障害女性に焦点を当てて分析している。国勢調査で得られるデータの限界，個票の入手困難さといったさまざま

な問題を抱えながらも，障害者に関する2002年全国標本調査（NSS）の個票データも援用しながら，国勢調査にみる障害女性の障害男性との比較を行ったものである。また，集計データを用いて，障害者・障害女性と資産状況等に関する因果関係の探索も行っている。この第3章では，インドの女性の識字率は一般に低い一方で，障害男性62.4％に対し障害女性は44.6％と格差があり，都市部と農村部でも識字率は23.5ポイントの格差があることも示している。障害女性では，教育水準も中等教育修了者比率で同様の一般女性よりも低く，農村部は都市部よりも低いという同様のパターンが観察される。このほか，インドでは住居の有無についてもみているが，興味深いことにインド全体の住居なし比率が0.180％，一般女性では0.124％であるのに対し，障害女性は0.205％と高い状況にあることが見いだせた（ただし，障害男性は0.295％と障害女性よりさらに高い）。就労機会・就労状況については，14歳未満の児童労働を除くと，全体の非就労者の比率は15～59歳が49.5％，60歳以上が71.7％であるのに対し，障害女性はそれぞれ，67.7％，84.1％となっている。また就労期間が3カ月未満，あるいは3～6カ月未満だと男性との差は1ポイント未満であるが，就労期間6カ月以上だと障害女性全体で12.8％と障害男性の36.5％と比べて23.7ポイントも下回っていることが明らかとなり，障害女性にとっては，長期の就労が障害男性と比しても困難な状況にあることがわかる。ただし，一般女性でもやはり同様の男女差に直面していることから（一般女性15.2％，一般男性43.8％），ここでの格差は障害によるものなのか，それとも女性であるがゆえなのかを確認する必要もある。また，一般女性の非就労者の多くが家事従事者であるのに対し，障害女性は被扶養者が最も多く，非就労者でもその地位は異なっていることも指摘されている。

　第4章は，インドの障害児についてである。「インドの障害児教育——教育普及になおも取り残される子どもたち——」と題されたこの章では，インドにおける障害児，とくに義務教育年齢に相当する障害児の教育普遍化に向けて，どのような経済，社会的な特徴が就学状況と関係しているのかを検証している。インドでは，近年，障害児を含むすべての子どもに地域の公立校

で学習することを保障する2009年無償義務教育に関する子どもの権利法(The Right of Children to Free and Compulsory Education Act, 2009) という法律が制定された。障害児もこうした法制度から恩恵を受けられているのか，またインドのカースト制と障害とが重複した場合に障害児の状況はどのようになるのか，といった点に注目して，障害児の貧困状況の実態と制度との関連について分析している。分析の結果，障害女児は障害男児よりも3.8ポイント就学確率が高いこと，そしてこの背景には，高位カースト層でみられるように，教育による女児の結婚市場での価値づけという動機がある推察されるとしている。また先天性障害のある女児では，そうでない児童よりも3.0ポイント学校への登録確率が下がること（男児だと2.3ポイント）がわかっており，低カーストだとさらにこの確率が下がっていることを確認している。一方，家庭でほかに障害児がいると学校登録にはプラスに作用することも指摘している。これらから，障害児については，低カーストであること自体は就学には不利ではないものの，それに加えて，女児であること，低所得であること，先天性の障害をもつことのいずれかが加わると就学に不利となるという複合差別についても示唆的な分析となっている。

　最後の第5章は，フィリピンについての分析である。「フィリピンの障害女性・障害児の教育についての実証分析」と題されたこの章では，森編(2010)や森・山形(2013)の先行研究から得られた障害女性と障害児の貧困状況を教育からみることを課題としている。障害女性と障害児にとって利用できるリソースが少なく，社会的なネガティブな圧力も大きいとされるフィリピン南部にて，教育状況に焦点を当てた家計調査を行い，その調査結果を分析している。過去のルソン島の農村部と都市部での調査との比較や教育格差の分析のほか，女性であるという要因のあいだでの計量的な分析にも取り組んでいる。第5章での分析の結果として，フィリピン南部のセブでの就学状況はフィリピン北部のルソン島の農村部の就学状況と似通っていること，就労はできているものの，非熟練労働を中心とした農業が中心となっていることを指摘している。さらに障害および女性という複合差別のふたつの側面

のどちらがより就学年数に影響しているのかを分析した結果からは，女性であるということにより教育年数が（男性よりも）高まる，という関係が，障害女性の場合には確認できておらず，むしろ逆に障害があるという要因と合わさった場合ネガティブな要因として作用していることを見いだしている。

なお本書では，伝統的障害と呼ばれる障害種別のうち，視覚や聴覚以外のいわゆる車いすを利用している人たちや切断者などの四肢にかかわる障害について，身体障害（インドネシア）と肢体不自由（フィリピン），移動性障害（インド）という用語を同義で用いている。これらの用語が各国で慣習的に異なっているため，それらを尊重し，無理な統一を行わなかった点について補足して説明しておきたい。

おわりに

冒頭にも述べたようにMDGsの8つの目標のなかから漏れていた障害は，国際的なコンセンサスを背景に，ポストMDGsである持続可能な開発目標（SDGs）において，解決すべき最重要課題のひとつとして組み込まれることとなった。これによって，各国がSDGsに基づく開発戦略を策定するなかに障害を包摂させる際には，各国が障害統計の整備を進めることが重要課題となった。しかし現実的には，ようやく一部の国でセンサスのなかに障害項目が入るようになってきたという段階にある。また，障害統計がつくられるようになった国でも障害の発生率の統計をつくる段階にとどまっているものが多い。SDGsの指標による評価の対象になり得る障害者の貧困状況の詳細な分析はいまだにほぼ手つかずの課題であるといってよい。

それでも，これまで行われてきた先駆的な研究から，障害者の貧困では，障害児と障害女性の問題が大きいことがわかってきている。障害児については，2012年度と2013年度にアジア経済研究所で実施された「開発途上国の障害者教育――教育法制と就学実態――」の研究会[12]，障害女性については，

2014年度と2015年度にかけて実施された「開発途上国の女性障害者」の研究会[13]での成果が，障害児と障害女性に焦点を当てた研究の代表的なものである。しかし，これらも法制の専門家を中心とした定性的な研究であり，実際の障害児や女性のデータの定量的な研究はまだ進んでいない。本書は，すでにそうしたデータが整備されつつある国のデータを用いる，あるいは，開発の観点からの障害女性や障害児についてのデータをモデル的に作成することで，こうしたポストMDGsのあとに出てくる問題に先駆的に答えていこうというものであった。

　本章での分析により，障害女性は全般に障害男性よりも非識字の状況のなかにあり，その背景として就学状況が悪いこと，そしてそうした状況は都市部よりも農村部でより深刻なことを各国のデータで示すことができた。しかし，その一方で，たとえばインドでは住居については一般女性よりも障害女性の方が確保できていること，またフィリピンでは女性であることは一般的には教育年数を上げることに作用しているが，障害女性では逆に作用していることなど，各国ごとの細かい違いも浮き彫りになっている。障害児についても，重度であるほど就学状況が悪くなることがインドネシアとインドで共通していることなどがわかった。一方，インドの場合には低カーストと高カーストで障害女児を学校にあげるかどうかの動機の強さが異なることなど興味深い違いも見いだすことができた。

　以上の分析により，障害女性や障害児のおかれた状況の深刻さを数字で示すことができた。また質的な分析のなかで指摘されていた性差と障害の有無のもたらす影響の大きさといった，彼らのおかれている状況を数字によって明確に示すデータが得られた。政策的にも貧困削減をよりきめ細かく行うための基盤も提供できたといえよう。

　本書での分析が，これまで障害女性や障害児の貧困状況が質的に言及されてきていたのに対し，数量的また統計的なエビデンスに基づいたものとして，障害児や障害女性の実態把握にさらに貢献することを期待したい。そして，あとに続く研究をさらに促す動機となることを期待するものである。

〔注〕

(1) 日本国外務省ウェブページ（http://www.mofa.go.jp/mofaj/press/pr/wakaru/topics/vol134/index.html）にもこの記載がある。

(2) 「男女平等指数，日本101位　なぜ順位が少し上がったの？」ハフィントン・ポスト紙，2015年11月30日付け（http://www.huffingtonpost.jp/2015/11/19/global-gender-equality-_n_8606846.html，2016/01/26　ダウンロード）。

(3) このような教育・リハビリテーション関係の論文では，たとえば，渡辺（2010）は，スリランカのインクルーシブ教育の実践事例の報告であり，古田の一連の研究（古田 2013; 古田・吉野 1998: 1999; 古田・姜・李 2003; 吉池・古田 2002）も障害児教育の立場から同国の障害児早期教育について紹介・議論したものである。

(4) 本書では，Rural に相当する日本語として農村部という訳語を用いる。もちろん，これは農村のみではなく，漁村等も含まれ，都市部以外の地域を指す。本書第3章では，そのことを強調するためにとくに郡部ということばを用いているが，意味は同じである。

(5) 国連が国際比較可能な障害統計として用意している国連統計局の障害統計データベース（the Disability Statistics Database: DISTAT）の最新版は現在，DISTAT2と呼ばれる第2版の公開準備が進められているが，いまだに公開に至っていないため，含まれるデータの種類や参加国数もわかっていない（UN 1990）。

(6) 同標準規則の全文については，以下のサイトからダウンロードできる（http://www.un.org/disabilities/documents/gadocs/standardrules.doc，2017/02/14　ダウンロード）。また日本語訳については，日本障害者リハビリテーション協会のサイトに長瀬修訳として（http://www.dinf.ne.jp/doc/japanese/intl/standard/standard.html，2017/02/14　ダウンロード）が，総理府障害者対策推進本部担当室の仮訳が，（http://www.ipss.go.jp/publication/j/shiryou/no.13/data/shiryou/syakaifukushi/515.pdf，2017/02/14　ダウンロード）として存在する。

(7) 吉田（2016）は，吉田（2014）によりながら「単に障害の種別，程度別に加えて男女間の区分があるというだけではなく，障害のある男性と女性の実態把握，とりわけ複合的な差別の状態におかれている女性障害者の障壁および問題点を見据えた政策のために不可欠なものであることを認識して作成された統計」という意味で，「障害者ジェンダー統計」という言い方を用いている。

(8) ジェンダー統計については，天野（2004）がこれをよくまとめている。

(9) 原文は，国連サイト（https://www.un.org/development/desa/disabilities/implementation-of-the-world-programme-of-action-concerning-disabled-persons-towards-a-society-for-all-in-the-twenty-first-century-ares5282.html，2016/11/01

ダウンロード）をみよ．日本語訳（http://naga-jinken.c.ooco.jp/shiryo1/syogaikodou.htm, 2016/11/01　ダウンロード）は，長崎人権研究所によるもの．
⑽　セミナー報告書については，（http://www.un.org/esa/socdev/enable/women/wwdsem0.htm, 2017/01/06　ダウンロード）を参照．
⑾　同報告書の日本語版は，UNICEFのサイト（https://www.unicef.or.jp/library/sowc/2013.html, 2017/02/01　ダウンロード）から入手可能である．
⑿　同研究会の最終成果は，小林（2015）として刊行されている．
⒀　同研究会の最終成果は，小林（2017）として刊行されている．

〔参考文献〕

＜日本語文献＞
浅倉むつ子編 2016．『ジェンダー法研究 第3号　特集：複合差別とジェンダー』信山社．
天野晴子 2004．「ジェンダー統計に関する調査研究」『国立女性教育会館研究紀要』8, 8月 81-91.
石川准・長瀬修編 1999．『障害学への招待——社会，文化，ディスアビリティ——』明石書店．
金澤真美 2011．「国際開発援助からみた女性障害者——障害者権利条約における女性障害者の主流化が開発援助にあたえる意義と課題——」『Core Ethics』Vol. 7 63-73.
——— 2013．「バングラデシュの初等教育におけるジェンダー格差は解消されたのか——障害児の教育へのアクセスの現状と政府統計との乖離——」『Core Ethics』Vol. 9 59-69.
菊池馨実・中川純・川島聡編 2015．『障害法』成文堂．
黒田一雄 2007．「障害児とEFA——インクルーシブ教育の課題と可能性——」『国際教育協力論集』10（2）10月 29-39.
小林昌之編 2015．『アジアの障害者教育法制——インクルーシブ教育実現の課題——』アジア経済研究所．
——— 2017．『アジア諸国の女性障害者と複合差別——人権確立の観点から——』アジア経済研究所．
白銀研五 2016．「ベトナムにおける障害児への教育をめぐる政治的意図——関連法規での権利保障のあらわれ方に着目して——」『京都大学大学院教育学研究科紀要』62 3月 253-265.
杉野昭博 2007．『障害学——理論形成と射程——』東京大学出版会．
長瀬修 2008．「障害者の権利条約における障害と開発・国際協力」森壮也編『障害

と開発——途上国の障害当事者と社会——』アジア経済研究所 97-138.

長谷川涼子 2009.「『障害と開発』における女性障害者のエンパワメント——アジア太平洋障害者センタープロジェクトの事例から——」『横浜国際社会科学研究』13（4/5）1月 15-30.

東方孝之 2010.「インドネシアの障害者の生計——教育が貧困削減に果たす役割——」森壮也編『途上国障害者の貧困削減——かれらはどう生計を営んでいるのか——』岩波書店 89-117.

古田弘子 2013.「障害のある女子の教育とジェンダーに関する文献的考察——女子の比率過小とキャリア開発に焦点をあてて——」『熊本大学教育学部紀要』62 12月 153-157.

古田弘子・吉野公喜 1998.「スリ・ランカにおける私立慈善施設としての聾学校の特質——1980年以降教育省により導入された総合教育との関連で——」『心身障害学研究』22 3月 29-39.

——— 1999.「スリ・ランカにおける障害児早期教育の展開——『先進諸国モデル』と『スリ・ランカモデル』に着目して——」『心身障害学研究』23 3月 187-196.

古田弘子・姜昌旭・李在旭 2003.「発展途上国の障害児教育支援に大学が果たす役割——韓国，江南大學校のネパール支援を例に——」『熊本大学教育学部紀要，人文科学』(52) 11月 75-80.

森壮也 2008.「『障害と開発』とは何か？」森壮也編『障害と開発——途上国の障害当事者と社会——』アジア経済研究所 3-38.

——— 2010.「障害者差別と当事者運動——フィリピンを事例に——」小林昌之編『アジア諸国の障害者法——法的権利の確立と課題——』アジア経済研究所 183-206.

——— 2015.「フィリピンにおける障害者教育法」小林昌之編『アジアの障害者教育法制——インクルーシブ教育実現の課題——』アジア経済研究所 111-144.

——— 2017.「フィリピンにおける『ジェンダーと障害』」小林昌之編『アジア諸国の女性障害者と複合差別——人権確立の観点から——』アジア経済研究所 137-167.

森壮也編 2008.『障害と開発——途上国の障害当事者と社会——』アジア経済研究所.

——— 2010.『途上国障害者の貧困削減——かれらはどう生計を営んでいるのか——』岩波書店.

森壮也・山形辰史 2013.『障害と開発の実証分析——社会モデルの観点から——』勁草書房.

山形辰史 2015.「MDGs を超えて SDGs へ——国際開発の行方——」『アジ研ワー

ルド・トレンド』(232) 2月20-25.
吉田仁美 2014.「障害者ジェンダー統計への注目」『岩手県立大学社会福祉学部紀要』16 3月43-50.
――― 2016.「障害者ジェンダー統計――日本の現状と課題――」『ジェンダー法研究』(3) 12月181-189.
吉池望・古田弘子 2002.「発展途上国の障害児教育への日本の援助――青年海外協力隊活動に焦点を当てて――」『発達障害研究』24 (3) 11月316-325.
渡辺実 2010.「スリランカのインクルーシブ教育の実践――特別支援学級の実践事例から考える――」『花園大学社会福祉学部研究紀要』(18) 3月81-90。

＜英語文献＞
Arunatilake, N. 2006. "Education Participation in Sri Lanka- Why all are not in School," *International Journal of Educational Research* 45 (3): 137-152.
Boserup, E. 1970. "Male and Female Farming Systems," In *Woman's Role in Economic Development*, edited by E. Boserup, London: Allen and Unwin, 3-24.
DFID (Department for international Development) 2000. *Disability, Poverty and Development*, London: DFID.
Elwan, Ann 1999. Poverty and Disability: A Survey of the Literature, SP Discussion Paper (21315) Washington D.C.: World Bank.
Emerson, E. 2004. "Poverty and Children with Intellectual Disabilities in the World's Richer Countries," *Journal of Intellectual & Developmental Disability* 29 (4), 319-338.
Filmer, D. 2008a. "Disability, Poverty, and Schooling in Developing Countries: Results from 14 Household Surveys," *The World Bank Economic Review*, 22 (1) January: 141-163 (http://siteresources.worldbank.org/DISABILITY/Resources/280658-1239044853210/5995073-1246917324202/Disability_Poverty_and_Schooling_in_Developing_Countries.pdf, 2016/01/29 ダウンロード).
――― 2008b. "Inequalities in Education: Effects of Gender, Poverty, Orphanhood, and Disability," In *Girls' Education in the 21st Century: Gender Equality, Empowerment, and Economic Growth*, edited by M. Tembon, and L. Fort, Washington D. C.: World Bank 95-113.
Fujiura, G. T., and K. Yamaki 2000. "Trends in Demography of Childhood Poverty and Disability," *Exceptional Children* 66 (2) January: 187-199.
Hallman, K., and S. Peracca 2007. "Indigenous Girls in Guatemala: Poverty and Location," In *Exclusion, Gender and Education: Case Studies from the Developing World*, edited by M. Lewis, and M. Lockheed, Washington, D.C.: Center for Global Development, 145-176.

King, E. M., and D. van de Walle 2007. "Girls in Lao PDR: Ethnic Affiliation, Poverty, and Location," In *Exclusion, Gender and Education: Case Studies from the Developing World*, edited by M. A. Lewis, and M. E. Lockheed, Washington, D.C.: Center for Global Development, 31-70.

Lamichhane, Kamal 2015. *Disability, Education and Employment in Developing Countries: From Charity to Investment*, Delhi: Cambridge University Press.

Lamichhane Kamal, and Yasuyuki Sawada 2013. Disability and Returns to Education in a Developing Country, *Economics of Education Review* 37 December: 85-94.

Lewis, M. A., and M. E. Lockheed 2006. *Inexcusable Absence: Why 60 Million Girls Still Aren't in School and What to Do about It*, Washington, D.C.: Center for Global Development.

Lloyd, C., C. Mete, and M. Grant 2007. "Rural Girls in Pakistan: Constraints of Policy and Culture," In *Exclusion, Gender and Education: Case Studies from the Developing World*, edited by M. A. Lewis, and M. E. Lockheed, Washington, DC: Center for Global Development, 99-118.

Lockheed, M. E. 2008. "The Double Disadvantage of Gender and Social Exclusion in Education," In *Girls' Education in the 21st Century : Gender Equality, Empowerment, and Economic Growth*, edited by M. Tembon, and L. Fort, Washington D.C. : World Bank, 115-126.

Mori, S., C. M. Reyes, and T. Yamagata 2014. *Poverty Reduction of the Disabled: Livelihood of Persons with Disabilities in the Philippines*, Routledge.

Nussbaum, M.C. 2001. *Women and Human Development: The Capabilities Approach*, Cambridge: Cambridge University Press（池本幸生・田口さつき・坪井ひろみ訳『女性と人間開発──潜在能力アプローチ──』岩波書店 2005年）.

Park, Jiyeon, Ann P. Turnbull, and H. Rutherford Turnbull 2002. Impacts of Poverty on Quality of Life in Families of Children with Disabilities, *Exceptional Children* 68 (2) January: 151-170.

Robson, Colin, and Peter Evans 2013. Educating Children with Disabilities in Developing Countries: The Role of Data Sets, Huddersfield: OECD（http://siteresources.worldbank.org/DISABILITY/Resources/280658-1172610312075/EducatingChildRobson.pdf, 2017/01/08 ダウンロード）.

Sen, A. 1990. "Gender and Cooperative Conflicts," In P*ersistent Inequalities: Women and World Development*, edited by I. Tinker, Oxford: Oxford University Press, 123-149.

UN（United Nations）1990. Disability Statistics Compendium, New York: UN, Department of International Economic and Social Affairs Statistical Office.

第1章

障害統計に関する国際規範の形成

小 林 昌 之

はじめに

　2006年の障害者権利条約の採択により，障害者に関する規範的な人権基準が明確となって，障害分野においてもようやく権利に基づくアプローチが適用可能となり，障害者の権利主張に新たな法的根拠がもたらされた。障害者の問題が国際法上認知されたことから，各国際機関による権限内での位置づけや取り組みが活発化してきている。こうした背景のもと，対象となる人たちの実態把握のため従来から繰り返し問題提起されている障害統計整備の必要性が各方面から指摘されている。障害者権利条約も第31条「統計及び資料の収集」において，本条約を実効的なものとするための政策を立案・実施することを可能とする統計資料および研究資料などの情報の収集を締約国に約束させている。

　開発途上国における障害統計については，森（2010）が政府統計による障害者の貧困や生計などの生活実態把握の現状およびフィールド調査による問題点の解明を行っている。また，Altman and Barnartt（2006）は，国際障害分類（ICIDH）から国際生活機能分類（ICF）への移行の意義，障害統計に関するワシントン・グループの創設目的と初期の取り組みなどの国際社会における障害尺度に関する議論ならびに開発途上国の調査事例と方法論上の問題

点を簡潔に論じている。これに続き，Altman（2016）では，ワシントン・グループの13年間にわたる経験を総括し，障害統計の起源，センサスやサーベイにおける質問の目的・手法・検証，拡張質問セットや方法論上の発展，ワシントン・グループの到達点が詳細に論じられている。

　本章ではこれらの先行研究を基礎としつつ，障害統計に関してどのような国際規範が形成されているか明らかにしたい。そのために，まず国連を中心とした障害統計の整備に関する規範の形成について考察し，つぎに障害統計の国際基準をめざすワシントン・グループの取り組みを論じ，最後に国際的な開発目標・行動計画における障害指標の扱いについて検討する。

第1節　障害統計に関する国連の取り組み

1．人権分野

　1966年の国際人権規約をはじめとして，国連では分野別に複数の人権条約が採択された。しかし，障害者の人権は，障害者権利条約の成立前の一般化された人権規範のなかに埋没し，顧みられることはなかった（小林 2010, 4）。その一方で，国連は社会的弱者の人権保障を推進するために対象別の宣言の採択を進め，障害者については，1971年に「精神遅滞者の権利に関する宣言」，1975年に「障害者の権利に関する宣言」を採択している。これらの宣言を実現するために国連は1981年を国際障害者年と定め，その具体的行動指針として1982年に「障害者に関する世界行動計画」[1]を採択し，それを推進する期間として1983～1992年を「国連障害者の10年」とした。

　このうち「障害者に関する世界行動計画」が，モニタリングと評価の必要性に言及し（para.194），国連統計局が，国連の他の専門機関や地域委員会などとともに，開発途上国と協力し，さまざまな障害に関して，全数調査もしくは標本抽出調査による現実的かつ実際的なデータ収集システムを開発し，

こうした統計の収集のために家計調査を利用するための技術マニュアルを作成するよう求めている（para.198）。

その後，1993年に，「国連障害者の10年」の経験をふまえ，多数の国家が遵守して慣習法化することを目論みつつ，「障害者の機会均等化に関する基準規則」[2]が国連総会で採択された。このうち「規則13：情報と研究」が障害統計について言及する。規則13は，政府は障害者の生活状態に関する情報の収集と普及に責任を有するとし，障害者の生活状態に関する性別の統計や他の情報を定期的に収集すべきであると定める。これらの情報収集はセンサスや世帯調査と同時に行うことが可能であり，情報収集には施策やサービスとそれらの利用に関する質問も含まれるべきであるとした。また，これらをもとにした，障害データバンクの設立も提案されている。

2006年の障害者権利条約は，これら行動計画と基準規則の両方をふまえて構成されたとされるもので（UNSD 2007, 42），拘束力のある国際条約として，障害統計の整備が締約国の約束として初めて盛り込まれた。障害者権利条約第31条は「統計及び資料の収集」について次のように定めている。

 1 締約国は，この条約を実効的なものとするための政策を立案し，及び実施することを可能とするための適当な情報（統計資料及び研究資料を含む。）を収集することを約束する。この情報を収集し，及び保持する過程においては，次のことを満たさなければならない。
  (a) 障害者の秘密の保持及びプライバシーの尊重を確保するため，法令に定める保障措置（資料の保護に関する法令を含む。）を遵守すること。
  (b) 人権及び基本的自由を保護するための国際的に受け入れられた規範並びに統計の収集及び利用に関する倫理上の原則を遵守すること。
 2 この条の規定に従って収集された情報は，適宜分類されるものとし，この条約に基づく締約国の義務の履行の評価に役立てるために，並び

に障害者がその権利を行使する際に直面する障壁を特定し，及び当該障壁に対処するために利用される．
3　締約国は，これらの統計の普及について責任を負うものとし，これらの統計が障害者及び他の者にとって利用しやすいことを確保する．

　このように第31条は，障害統計の整備が，条約履行のための政策の立案，実施，評価，ならびに，社会的障壁の特定・除去のために必要であることを国際社会が認識していることを示し，そのためのメカニズムの確立を締約国に求めている．この障害統計の整備は，条約の実施を促進，保護，モニタリングするための枠組みの設置を求める第33条「国内における実施及び監視」，ならびに，条約に基づく義務を履行するためにとった措置および進歩などの報告を求める第35条「締約国による報告」の義務を履行するためには，不可欠な前提でもある．

　さて，障害統計の収集や分析のためには，さらに具体的な基準やマニュアルが必要となる．1996年には，上述の「障害者に関する世界行動計画」に従って，「障害プログラムと政策のための統計情報の開発マニュアル」[3]が作成されている．本マニュアルは，障害政策やプログラムの実施，モニタリングおよび評価のための統計情報の作成・使用，とりわけ計画の策定と評価における障害統計の利用に焦点を当てている．また，「障害者の機会均等化に関する基準規則」が求める機会均等プログラムなどの評価やモニタリングのためには，障害指標が有用であるとして，1998年に改訂された「人口・住宅センサスのための原則と勧告（改訂第1版）」[4]は，国際障害分類（ICIDH）を考慮した障害統計をセンサスのなかに組み込みことを勧めている．さらに，2001年に作成された「障害統計の開発のための原則とガイドライン」[5]は，上記「マニュアル」および「人口・住宅センサスのための原則と勧告（改訂第1版）」を基礎としながら，各国で高まっているデータ整備の要求に対する技術的ガイダンスを提供している．「原則とガイドライン」は，センサスやサーベイの一般的なマニュアルではなく，障害者のデータの収集，集計，発

信における特殊な問題について取り上げることを目的に作成されている。

しかし，同2001年に，世界保健機関（WHO）は国際生活機能分類（ICF）を完成させ，国際障害分類（ICIDH）から大きく転換することを決めたが，「原則とガイドライン」にこの転換は，反映されていない。ICIDHでは，「障害」を，機能障害，能力障害，社会的不利の3段階のマイナスとしてとらえていたのに対して，ICFは心身機能・身体構造，活動・参加から構成される「生活機能」と，環境因子・個人因子が相互に影響し合うなかで生じる制約であると「障害」をとらえている。このようにICFでは，「生活機能」に影響を与える因子として，環境因子が加わるなど「障害」のとらえ方が大きく変化したが，同年に発行された「原則とガイドライン」ではこの重要な改訂の取り込みが間に合っていない。

「障害」の発生や要因などは複雑なことから，WHOが作成したICFが障害を概念化する共通言語として期待されている。ICFに基づいて障害に接近するためには，従来の医学モデルのアプローチのように，障害があるかないかを問うだけでは難しく[6]，センサスやサーベイに使用する新しいツールが必要とされた。この作業を行っているのが，次節で述べるワシントン・グループであり，ICFの枠組みに基づき，障害者権利条約のモニタリング要件などを満たす，国際的に比較可能なデータを提供するための手法の開発が進められた（Madans, Loeb, and Altman 2011, 2）。なお，「人口・住宅センサスのための原則と勧告」は，2007年の改訂第2版[7]でICFへの変更を行い，人口統計のなかで使用可能な障害に関する短い質問セットが開発されていることに言及している（para.2.358）。また，障害状況を包括的に測定するためには，センサスでは4つのドメイン（見る，聞く，歩く，認識する）が不可欠であり，可能ならばさらにふたつのドメイン（セルフケア，コミュニケーション）を組み込むことを推奨しており（para.2.352），ワシントン・グループの考えと提案を踏襲している（UNSD 2007, 34）。

2．開発分野

(1) ミレニアム開発目標（MDGs）

　ミレニアム開発目標（MDGs）が当初障害について言及していなかったことは，国連事務総長も認識しており，障害者は目標や指標にも含まれず，不可視化されていたと報告されている（Secretary-General 2012, para.5）。その後，最初の5年レビューを行った2005年の世界サミットにおいて，4つのターゲットが加えられた際に，新たなターゲットのひとつ「人権と法の支配」のもとで，ようやく障害者も差別なしにすべての権利の享受が保障される必要があるとの認識が示された（UNGA 2005, para.129）。

　2008年の国連総会では，障害者の取り扱いの優先度を高くし，国連のプロジェクトへのインクルージョン，とくに「2010年世界人口・住宅センサス計画」に障害者の視点を組み入れるよう決議されたものの[8]，「計画」では明示的に言及されることはなかった。翌2009年の国連総会決議「障害者のためのミレニアム開発目標の実現」は，加盟国に対して，MDGsの実現に使用可能な，モニタリング，評価，履行を促進するための障害者の状況に関するデータと情報のナレッジベースの作成を提起し，国連事務局に対しては「障害統計の開発のためのガイドラインと原則」「人口・住居センサスのための原則と勧告」の普及を求めた[9]。つづく，2011年の国連総会決議「2015年および将来に向けた，障害者のためのミレニアム開発目標の実現」においても，MDGsの実現に向け，加盟国に対し，既存の障害統計ガイドラインに従って障害者の状況に関する国のデータと情報を収集・整備するよう提起がなされている[10]。

　これらに対応して，2012年の事務総長報告「障害者のためのミレニアム開発目標と国際的に合意された開発目標の実現：2015年および将来に向けた，障害インクルーシブな開発アジェンダ」では，とくに障害者の状況を評価するためのインクルーシブなモニタリングと評価の枠組みが詳述されている

(Secretary-General 2012)。報告では，国際レベル，国内レベルの両方における障害統計の欠如は問題であることが提起されている。国際レベルでは，比較可能なデータや統計の欠如が，MDGs およびその他国際的に合意された開発目標の実現に障害者が含まれることを保障し，その達成度をモニタリングすることを妨げているという。また，国内レベルでは，障害統計は，開発プログラムの各サイクルで必要不可欠な構成要素であるにもかかわらず，それらを欠いていることが問題視されている（para.60）。こうした状況から，報告は，次期センサスのラウンド（2015〜2024）の準備を行う際に，最低限，障害統計に関するワシントン・グループが勧告する6つの質問からなる短い質問セットを含めることを強く推奨した。さらに，既存の国の各種サーベイ，たとえば家計，健康，労働力サーベイなどにおいて障害に関する質問事項を組み込むことを勧告している（para.64）。なお，上記を実行するにあたって，「人口・住宅センサスに関する原則及び勧告（改訂第2版）」「障害統計の開発のためのガイドラインと原則」，国連統計委員会によって承認された障害統計の研究と方法，ICF の「活動と参加」に直接対応する概念枠組みに基づく WHODAS 2.0のような改訂されたツールを使用することも推奨されている（para.65）。

翌2013年に開催された「障害者のためのミレニアム開発目標およびその他国際的に合意された開発目標の実現：2015年および将来に向けた，障害インクルーシブな開発アジェンダ」に関する国連総会ハイレベル会合の成果文書では（UNGA 2013），障害者は開発の行為主体であり，かつ裨益者であることを再確認したうえで，次の行動をとることが喫緊であると訴えた。すなわち，開発政策の計画，実施，評価のための障害データの収集，分析，モニタリングを改善し，地域的な背景を考慮し，必要に応じて，適切なメカニズムをとおして関連データと統計を，統計委員会を含め国連システムの関連部局と共有し，障害に関する情報を含め，性別と年齢に細分化（disaggregate）した国際的に比較可能なデータと統計の必要性が強調された（para.4.（i））。

また，2015年の国連経済社会理事会は「2020年世界人口・住宅センサス計

画」においても，障害者の状況を評価するための指標と統計を組み込んだ調査設計案を提起した[11]。その結果，従来，2010年世界人口・住宅センサス計画では言及がなかった障害者は，女性，子ども，青年，高齢者および移民などの特別な人口グループのひとつとして追記された。

(2) 持続可能な開発目標（SDGs）

さて，ミレニアム開発目標（MDGs）では障害は組み込まれなかったが，持続可能な開発目標（SDGs）では当初から障害が包含され，5つの目標の7つのターゲットにおいて言及があった。明示的に掲げられたターゲットにはそれを直接測るための指標を設定することが求められ，後述するように，それぞれに対応する障害指標を具体的に設けることが必須とされた（UNDESA and WHO 2015）。統計の必要性について SDGs は次のように論じている（UNGA 2015）。

SDGs のアジェンダを達成するための指標は，そのフォローアップ活動を支援するために整備される。誰も取り残さないことの進捗を測定するためには，高品質で，アクセス可能かつ時宜を得た，細分化されたデータが必要である。このようなデータは，政策決定の鍵となる。現存する報告メカニズムからのデータと情報は，可能なかぎり活用されるべきである。進捗を測定するために，GDP 指標を補完する，より包括的な手法を開発する（para.48）。

また，データ収集のための能力構築に関連して，いくつかのターゲットについては，基準データが入手困難であるということを認識し，いまだ確立されていない国およびグローバルな基準データを整備するため，加盟国レベルでの能力構築およびデータ収集強化の支援の必要性が強調された（para.57）。

そして，目標17「持続可能な開発のための実施手段を強化し，グローバル・パートナーシップを活性化する」は，「データ，モニタリング，説明責任」について次のように定めた。

17.18　2020年までに，後発開発途上国および小島嶼開発途上国を含む

開発途上国に対する能力構築を強化し，所得，性別，年齢，人種，民族，居住資格，障害，地理的位置およびその他各国事情に関連する特性別の質が高く，適時かつ信頼性のある非集計型データの入手可能性を向上させる。

17.19 2030年までに，持続可能な開発の進捗をはかる GDP 以外の尺度を開発する既存の取り組みを更に前進させ，開発途上国における統計に関する能力構築を支援する。

アジェンダ実施に対するフォローアップ・レビューの実施原則では，統計・データについて再度言及がなされ，レビューは，各国主導で行われる評価やデータに基づき，正確で根拠に基づくべきであることを謳った。ここでも，各国が行う評価やデータは，高品質で，アクセス可能，時宜を得た，細分化されたデータに基づくものであり，具体的には，収入，性別，年齢，人種，民族的属性，移住者の法律上の地位，障害，地理的属性およびその他各々の国内での状況に関連ある特徴などをふまえたデータであるべきとされた（para.74.g.）。また，目標とターゲットは，グローバルな指標によってフォローアップされ，これらは国レベルやグローバルな基準データの欠如を埋める取り組みとともに，各国や地域レベルで策定される指標によって補完されるとされた（para.75）。

3．小結

障害者権利条約は，それまでの行動計画と基準規則などをふまえて，拘束力ある国際条約として，障害統計の整備を各国に約束させるものとなった。障害統計の整備が，社会的障壁の除去など，条約履行のための政策・実施に不可欠であることを国際社会が認識しつつあることを表している。障害者が存在するにもかかわらず，数に数えてもらえないということは，極端な差別のひとつのかたちであるともいえ（Mittler 2015, 85），その意味でも，障害統

計の整備は，障害者権利条約の義務を果たすうえでも必要となっている。また条約上，障害統計の整備は，モニタリング枠組みの設置や進捗状況の報告の前提ともなっている。開発目標においても，開発政策の計画，実施のためには，障害データの収集，分析，およびモニタリングが必要であることが認識され，とくに障害に関する情報を含め，性別と年齢に細分化した国際的に比較可能な統計の必要性が強調されている。その方法としては，最低限，次節で論じる，障害統計に関するワシントン・グループが勧告する短い質問セットの組み込みが推奨されている。

第2節　障害統計に関するワシントン・グループ

1．ワシントン・グループ

　障害統計に関するワシントン・グループ[12]は，障害データの収集に関して国際的に合意できる標準的な手法を開発するために，2001年に，国連統計委員会のもとで設立されたシティーグループ[13]のひとつである。ワシントン・グループの主目的は，センサスや国の調査に適する障害尺度について，国際的な調整・開発を行うことにある。とくに，経済や文化の違いにかかわらず，各国間で国際比較可能なデータの作成が模索されている（WG 2006, 2）。

　ワシントン・グループは，前述の国連の動きにあわせ，障害者に対する機会均等の評価に資することを目的に掲げ，まずは機能に関する短い質問セットを開発した（UNDESA and UNESCO 2014, 6）[14]。短い質問セットはWHOのICFに基づき，収集したデータを障害で細分化することを可能とする6つの機能領域（見る，聞く，歩く，認識する，セルフケア，コミュニケーション）を有する（表1-1）。各質問には，軽度から重度の連続帯を把握するために，重症度を尺度とする4つの回答が用意されている。したがって，統計の目的により，焦点とするドメインや重症度の区切り方を選択することによって，さ

表1-1　短い質問セット

基本生活ドメイン	質問
見る	あなたは眼鏡を着用しても見るのに苦労しますか？
聞く	あなたは補聴器を使用しても聞くのに苦労しますか？
歩く	あなたは歩いたり階段を登ったりするのに苦労しますか？
認識する	あなたは思い出したり集中したりするのに苦労しますか？
セルフケア	あなたは身体を洗ったり衣服を着たりする（ようなセルフケア）で苦労しますか？
コミュニケーション	あなたは普通（日常的）の言語を使用して意思疎通すること（たとえば理解したり理解されたりすること）に苦労しますか？
回答の選択肢	回答
1	いいえ，苦労はありません。
2	はい，多少苦労します。
3	はい，とても苦労します。
4	まったくできません。

（出所）北村（2016, 16 図1）の語句を一部修正。

まざまな障害状況が描き得る。こうしたなか，ワシントン・グループは，国際比較をするために，障害人口は，少なくともドメインのひとつに「とても苦労します」または「まったくできません」の回答があったすべての人を含むことを推奨している。

　ワシントン・グループの短い質問セットは，認知テストとフィールド・テストを経て，質問が意図したとおりの質問として対象者に理解され，各ドメインの重要要素が把握でき，すべての国において矛盾無く質問が理解されているか，注意深く見極めて開発されてきたとされる[15]。したがって，質問の文言，質問の順番，回答の区分のいずれも，一切の修正なしに使用されることが不可欠であるとする[16]。実際，テストや現場検証により，質問を「改善」しようとする試みは，予期しない結果を生み，むしろ正確性を減じるおそれがあることがわかっている。例外は，予備調査の段階で，質問が特定の状況において無関係であったり，混乱させるものであることが判明した場合に，小さな修正は許され得ることである[17]。たとえば，補聴器が使用されていない場所では，「補聴器を使用しても」という文言を削除することは可能とさ

れる。また，生活機能に関して，追加的な情報が必要な場合は，短い質問セットの項目を修正・削除するのではなく，追加であれば許される。

　短い質問セットおよび拡張質問セットは，機会均等の状況を測定するために開発されていることから，障害者権利条約のモニタリングにも有用であるとされる（Madans, Loeb, and Altman 2011, 5）。ワシントン・グループは，「障害」が起こるプロセスに着目し，障害者が，非障害者と同様に，教育，雇用，市民社会などの活動に参加できるか否かに焦点を当てており，それはすなわち障害者権利条約が定める機会均等や非差別原則に焦点を当てていることと同じであるとしている。たとえば，雇用における機会均等という目的がある場合，理論的には，機会が最適化されれば，障害者と非障害者のあいだの参加率は等しくなるはずであり，最適化するための措置がとられているのであれば，そのトレンドを分析することにより，経年でその進捗をはかることができるという（Madans, Loeb, and Altman 2011, 5）。短い質問セットからつくられるデータが，センサスや雇用，教育，住宅，交通，社会・保健サービスのサーベイによって収集された情報と結合されることによって，障害者と非障害者とのあいだの参加レベルの違いを比較することが期待されている（Loeb 2012, 7）。

　ただし，開発されている短い質問セットは，障害者権利条約のように障害を環境との関係においてのみ完全に理解できるとする広い障害の定義を採用せず，また個人の障害を認定する意図も有していない。ワシントン・グループの質問は，ICF に従って人間の生活機能の程度を反映し，生活機能の特徴の短い質問セットに基づいて，センサスや調査においてデモグラフィックス[18]を作成することに貢献することを目的としており，他の目的のためには，これ以外に，環境尺度などの開発の必要性が残されている（UNDESA and UNESCO 2014, 6）。このように短い質問セットは，一般の人と比べて社会参加制約のリスクがより大きい大半の人を発見し[19]，機会均等を評価することは可能であるものの，それだけでは障害問題全体の評価はできないことに留意する必要がある（UNSD 2007, 32）。

障害児の統計収集に関して，短い質問セットは，機能障害をもつ多くの障害児を発見することはできるものの[20]，常に発達過程にある児童については，正確な把握が課題となっていた。一般に，センサスやサーベイでは，保護者が児童の代理回答を行うため，児童のパフォーマンスへの期待や保護者の知識が影響することが知られている。一般的なセンサスでは，社会経済的なステータスが低いとされる，障害のある少女や障害のある児童が見過ごされ，過小測定されることがしばしばあると指摘されている（UNICEF 2013, 15）。このため，ワシントン・グループは，2009年にワーキング・グループを立ち上げ，UNICEFと共同で，国際生活機能分類児童版（ICF-CY）を用いた「児童の生活機能と障害」モジュールの開発を進め，2歳から4歳用と，5歳から17歳用の質問セットが作成された（北村 2016, 16）[21]。大人とは問題の焦点が異なることから，児童の生活機能モジュールでは，児童に関する生活機能のドメインが拡大され，年齢相応の困難を識別し，代理回答に依拠することなどを考慮して設計がなされた。とくに児童に対する行動倫理と児童本人による回答の不正確性を勘案して，質問は児童の母親またはおもな育児介護者が回答することを前提に設計され，同年代の子どもとの比較参照を促す質問文も加えられた[22]。

　ワシントン・グループはまたUNICEFと共同で，「学校の環境と参加」に焦点を当てた障害児の拡張質問セットの開発に取り組んでいる（UNDESA and UNESCO 2014, 7）。学校参加の阻害要因としては，態度（attitudes），通学（getting to school），アクセシビリティ（accessibility），費用負担（affordability）の4つの領域が設定されている。このインクルーシブ教育に関するモジュールは，公教育に焦点をおき，就学している児童と未就学の児童の両方を対象に，学校参加に関する環境要因を考察することをめざして開発されている（Cappa, De Palma, and Loeb 2015）。なお，ワシントン・グループでは，専ら障害女性に焦点を当てたモジュールの開発は行われていない。

2．障害データ・統計に関する国連専門家会合

　2014年に行われた障害データ・統計に関する国連専門家会合では，ワシントン・グループの短い質問セットも含めた方法論に関する包括的な議論は将来の専門家会合でなされるべきであるとしつつも，当面は，直近の持続可能な開発目標（SDGs）の目標および指標で必要なデータの収集のためにワシントン・グループの短い質問セットの使用を勧告した（UNDESA and UNESCO 2014, 7）。そして障害データの国際的な比較，分析，報告のために次の2点の包括的勧告が提示された（UNDESA and UNESCO 2014, 10）。第1に，国の統計局，政府省庁，国連機関が実施または資金提供しているセンサスならびに定期サーベイにワシントン・グループの短い質問セットを含めること。これによって，障害者権利条約をモニターするのに必要なデータが提供され，ポスト2015年の開発目標の進捗においても障害者の状態が独立して集計され，モニタリングが可能となるとした。第2に，共通枠組みを採用し，ワシントン・グループの短い質問セットを，異なる種類のデータ収集アプローチに組み込み，各種調査モジュールもワシントン・グループの拡張質問セットを使用すること。これにより，国横断的に比較可能なデータを改善させることができるとした。

　一方，障害統計を国際比較可能とするために，一義的には，ワシントン・グループの短い質問セットをすべてのセンサスやサーベイに組み込むべきとしつつ，障害者に関するデータ・ギャップを埋めるためには，その他のデータ収集の手法も必要になると述べている。とくにモデル障害調査（Model Disability Surveys: MDS）やマルチ指標クラスター調査（Multiple Indicator Cluster Surveys: MICS）など新しく開発されている方法論，および，ワシントン・グループの拡張質問セットやモジュールを使用することで，相互補完的に障害者の状況をより完全に描き出すことができるとした（UNDESA and UNESCO 2014, 19）。

MDSは，WHOと世界銀行が開発しており，障害者の生活に関する詳細な情報を提供する一般的人口サーベイであるとされる（WHO and WB n.d.）。WHOと世銀のほか，ワシントン・グループ，ノルウェー統計局，国際障害同盟（IDA）など多くのステークホルダーを巻き込み，かつ既存の179の障害サーベイの質問を分析し，ICFとの適合性を考慮しながら作成された。MDSは障害者権利条約第31条に応えるために設計され，障害を，個人の健康や機能障害に焦点を当てるのではなく，個人と健康状態やさまざまな環境と個人の要因との相互作用の結果ととらえる。こうした考えに基づき，障害のすべての局面のデータ，たとえば，機能障害，活動制約，参加制限，関連健康状況および環境要因などを提供することを目的とする。このようにMDSは，ワシントン・グループの目的と同様に，障害者が「他者との平等に基づいて」扱われるという障害者権利条約の要求に応え，障害者と非障害者の参加および排除の割合を比較するべく，人口調査のなかで使用されるよう設計されようとしている（UNDESA and UNESCO 2014, 7）。なお，MICSは，女性と子どもの詳細情報収集を目的としてUNICEFが開発したものである[23]。

3．小結

　国連統計委員会のもとで設立されたワシントン・グループは，各国間で国際比較可能な障害データを収集することを目的に，短い質問セットを開発した。作業の過程で，障害者権利条約も謳う，障害者の機会均等に資することが開発の正当化事由とされた。障害データ・統計に関する国連専門家会合では，将来の議論を待つとしながらも，SDGsの目標および指標で必要なデータの収集のためにワシントン・グループの短い質問セットの使用を勧告した。また，ワシントン・グループの外で開発されたMDSやMICSに言及しつつも，それらはあくまでもワシントン・グループの短い質問セットおよび拡張質問セットを補完するものと位置づけられているといえる。したがって，統計手法などの開発目的はそれぞれ異なるはずであるものの，障害データに関

しては、ワシントン・グループの取り組み成果に収斂させていこうとする趨勢が示唆される。

第3節　開発アジェンダにおける障害

1. SDGsにおける障害指標の方針

　2015年にSDGsでは、持続可能な開発のための17の目標（goals）および169のターゲット（targets）が策定され、MDGsを基盤としながら、MDGsが達成できなかった目標を完成することを企図した。MDGsでは、後づけで、目標のなかに障害を含めることが勧告されたが、SDGsでは当初から包含された。障害者が明示的に記されている目標は5つ、7カ所で言及されている。SDGsは、それぞれターゲットをともない、それらはさらに測定可能なアウトカムに焦点を当てた指標によって精緻化されることが求められた[24]。したがって、5つの目標の7つのターゲットのそれぞれに対応する障害指標の確定が必要となった（UNDESA and WHO 2015）。2016年現在、全体で230の指標の作成が合意され、そのうち障害にかかわる指標は表1-2のとおりと定められた。障害は、障害を明示的に記している目標以外に、少なくとも名目的には「脆弱者層」や「差別」に言及する目標や「全体」目標にも含まれていることになっている[25]。
　SDGsの指標を検討する国連機関間・専門家グループ（Inter-Agency and Expert Group: IAEG）は[26]、データの細分化の原則について合意し、SDGsの指標は、該当する場合、公的統計の基本原則に基づいて、収入、性別、年齢、人種、民族、移住者としての地位、障害、および地理的場所、またはその他の特徴について、細分化すべきであるとした[27]。細分化は膨大な作業を発生させるものの、誰一人も取り残さないための前提であることから、この原則は、提案されたSDGs指標の最終リストの冒頭でも明記されている（IAEG-

表1-2　障害者が明示されたSDGsの目標・ターゲットとその指標

目標4（教育）	ターゲット4.5	2030年までに，教育におけるジェンダー格差をなくし，障害者，先住民および脆弱な立場にある子どもなど，脆弱層があらゆるレベルの教育や職業訓練に平等にアクセスできるようにする
	指標4.5.1	細分化可能な，本リストに記載されたすべての指標のためのパリティ指数（女性／男性，地方／都市，富の五分位数の最下位／最上位，その他，障害状況，先住民および紛争影響者などデータが入手可能となりしだい）
	ターゲット4.a	子ども，障害およびジェンダーに配慮した教育施設を構築・改良し，すべての人々に安全で非暴力的，包摂的，効果的な学習環境を提供できるようにする
	指標4.a.1	以下のアクセスがある学校の割合：(a) 電気，(b) 教育を目的としたインターネット，(c) 教育を目的としたコンピュータ，(d) 障害をもつ生徒のための改修された施設や教材，(e) 男女別の基本的なトイレ，および (f) 基本的な手洗い場（WASHの指標定義による）
目標8（経済成長と雇用）	ターゲット8.5	2030年までに，若者や障害者を含むすべての男性および女性の，完全かつ生産的な雇用および働きがいのある人間らしい仕事，ならびに同一労働同一賃金を達成する
	指標8.5.1	女性および男性労働者の，職業，年齢，障害者別の，平均時給
	指標8.5.2	性別，年齢，障害者別の，失業率
目標10（不平等）	ターゲット10.2	2030年までに，年齢，性別，障害，人種，民族，出自，宗教，あるいは経済的地位その他の状況にかかわりなく，すべての人々の能力強化および社会的，経済的および政治的な包含を促進する
	指標10.2.1	年齢，性別，および障害者別に細分化した，中位所得の50％未満で生活する人口の割合
目標11（持続可能な都市）	ターゲット11.2	2030年までに，脆弱な立場にある人々，女性，子ども，障害者および高齢者のニーズにとくに配慮し，公共交通機関の拡大などを通じた交通の安全性改善により，すべての人々に，安全かつ安価で容易に利用できる，持続可能な輸送システムへのアクセスを提供する
	指標11.2.1	年齢，性別，障害者別に細分化された，公共交通機関への容易なアクセスがある人口の割合
	ターゲット11.7	2030年までに，女性，子ども，高齢者および障害者を含め，人々に安全で包摂的かつ利用が容易な緑地や公共スペースへの普遍的アクセスを提供する
	指標11.7.1	年齢，性別，障害者別に細分化された，各都市部の建物密集区域における公共スペースの割合
目標17（実施手段）	ターゲット17.18	データ，モニタリング，説明責任については，2020年までに，後発開発途上国および小島嶼開発途上国を含む開発途上国に対する能力構築支援を強化し，所得，性別，年齢，人種，民族，居住資格，障害，地理的位置およびその他各国事情に関連する特性別の質が高く，タイムリーかつ信頼性のある非集計型データの入手可能性を向上させる
	指標17.18.1	公的統計の基本原則にしたがい，関連したターゲットについて，完全に細分化して作成された国レベルでSDGs指標の割合

（出所）　IAEG-SDGs（2016）より筆者作成。

SDGs 2016)。

　この方針に関連して、障害分野にかかわる国連機関、障害当事者団体、市民社会、専門家からは、SDGsデータの細分化にあたっての要望が、共同声明のかたちで出された[28]。要望は、IAEG-SDGsと国連統計局を名宛人とし、障害者データの細分化を各国が進めるよう勧告することを求める内容となっている。その際、とくに国際比較および経年比較ができるよう、SDGsデータの細分化に関して、大人は、ワシントン・グループの短い質問セット、児童は、UNICEFとワシントン・グループの児童の生活機能モジュールを利用することを推奨するとした。また、細分化にとどまらず、SDGsの達成や政策・プログラムのインパクト測定のための付加的情報の収集もすべきであるとし、その際には、MDSやその他の国連機関が開発している拡張モジュールの利用可能性も提示した。

2．インチョン戦略の障害指標

　2012年に、第3次アジア太平洋障害者の10年（2013～2022）の行動計画として、障害インクルーシブな一連の開発目標を提示した「アジア太平洋障害者の『権利を実現する』インチョン戦略」が策定された[29]。10個の目標が掲げられ、その達成のモニタリングと評価のために、27のターゲットおよび62の指標が設けられた。指標を設定し、エビデンスに基づく障害者政策の立案やモニタリングを促すことで、これまで欠いていた障害者の社会・経済的地位に関する統計情報の整備を進めることも目論まれている。

　目標8が、障害データの信頼性と比較可能性の向上をとくに掲げている。国連アジア太平洋経済社会委員会（ESCAP）加盟国は、ターゲットのひとつにおいて、2017年の10年中間年までに、インチョン戦略目標の到達度を測るための信頼できる統計基準（baseline）を確立することに同意をしており、着実な障害統計の整備が必要となっている。その際、推奨されたのが、さまざまな統計収集での、ワシントン・グループの短い質問セットの使用である

(UNESCAP 2014, 14)。そして，インチョン戦略の指標を構築する際は，ワシントン・グループが推奨しているように，少なくともひとつのドメインに「とても苦労します」または「まったくできません」と回答している人を障害者とみなすべきであるとした。

3．小結

国際的な開発目標であるSDGsに明示的に障害への言及があったものの，開発における障害者の状況の全体像を把握するためには各目標のなかで障害者が非障害者から分離された非集計型データとして整備される必要がある。しかしながら，SDGsは，一般原則として，可能なかぎりの細分化を求めているものの，明文で要求されているのは，ターゲットが障害に言及している場合に，関連する障害指標の策定が必須であるということだけである。すべての目標・ターゲットに関して，障害が細分化されれば，男女別，年齢別の状況を含め，障害者のおかれている全体像が把握可能であるが，明文で挙げられた7ターゲットのみにとどまるおそれは否定できない。障害分野からの声明も，細分化が着実に履行されるよう，各国政府を促すことを求めるものであった。各ターゲットにおける，障害の細分化が実現可能であることは，ワシントン・グループの研究からわかっており（WG 2016），その進捗が注目される。

おわりに

WHOなど長らく医療や疾病という観点から障害統計を扱ってきた機関との調整は残るものの，障害統計やデータに関してはワシントン・グループの取り組みの成果，とくに短い質問セットの使用を基本におくことが，事実上の国際基準となりつつある。SDGsやインチョン戦略においても，ワシント

ン・グループの短い質問セットの使用が推奨されている。SDGs では明示的に障害への言及があるものの，障害に言及するターゲット以外の項目においてはなお全体のなかに埋没させられるおそれがあり，それゆえ指標のひとつとして障害統計の整備状況そのものが選定されたことは注目に値する（SDGs 17.18やインチョン戦略8.2）。これに関して，2015年の国連総会決議69/142「ミレニアム開発目標および2015年および将来に向けて障害者のために国際的に合意されたその他の開発目標を実現する」[30]は，加盟国，とくに開発途上国が障害者に関する国のデータと統計を収集・編纂し，ミレニアム開発目標や障害者に関して国際的合意された開発目標の実現を支援するよう国連システムに要請している（para.14）。さらに，国連事務局に，「障害者に関する国の政策，プログラム，ベストプラクティスおよび入手可能な統計を集めて分析し，関連する国際的に合意された開発目標および障害者権利条約の規定に対するとり組みの進展を反映した」報告を提出するよう指示し（para.21b），「障害と開発に関する国連グローバルレポート」の発行に向けた動きが進んでいる。報告書は，国際的に合意された開発目標および障害者権利条約の条項に焦点を当て，とくに SDGs の目標とターゲットをもとに章別構成の案が作成されている（Martinho 2016）。国連が，障害統計・データを不可欠とする報告書を定期的に刊行することは，障害統計整備の促進に一定の影響を与えることが考えられ，今後の展開が期待される。

〔注〕

(1) "World Programme of Action concerning Disabled Persons," A/RES/37/52, 3 December 1982.
(2) "Standard Rules on the Equalization of Opportunities for Persons with Disabilities," A/RES/48/96, 20 December 1993.
(3) "Manual for the Development of Statistical Information for Disability Programmes and Policies," ST/ESA/STAT/SER.Y/8, United Nations 1996.
(4) "Principles and Recommendations for Population and Housing Censuses, Revision 1," ST/ESA/STAT/SER.M/67/Rev.1, United Nations, 1997. なお，初版は1980年（ST/ESA/STAT/SER.M/67）。

(5) "Guidelines and Principles for the Development of Disability Statistics," ST/ESA/STAT/SER.Y/10, United Nations, 2001.
(6) Mont（2007）によれば，「障害」と用語には，マイナスのイメージがあり，ある文化に属する人は，自分を障害と認識することにスティグマや恥であることを感じる。とくにスティグマの影響が強い，知的や精神障害の調査には不適切である。被調査者は，そのように質問された場合，障害を否認したり，家族に障害者がいることを隠蔽したりする可能性がある。さらに，「障害」は，しばしばより重大な状況を暗示し，多少日常の活動が制約されていても，自分の状況は障害と定義するほど深刻でないとみなすかもしれない。また，「障害」が医学的な診断と結びつけられている場合，その知識がなければ正確に回答するはできない。医学的な診断を知っているか否かは，教育，社会経済的ステータス，保健サービスへのアクセスなどが関係する（Mont 2007, 8）。
(7) 改訂第2版（ST/ESA/STAT/SER.M/67/Rev.2）。なお，改訂第3版ではワシントン・グループの短い質問セットなどの成果が組み込まれる予定である。
(8) "Realizing the Millennium Development Goals for persons with disabilities through the implementation of the World Programme of Action concerning Disabled Persons and the Convention on the Rights of Persons with Disabilities," A/RES/63/150, 18 December 2008.
(9) "Realizing the Millennium Development Goals for persons with disabilities," A/RES/64/131, 18 December 2009.
(10) "Realizing the Millennium Development Goals for persons with disabilities towards 2015 and beyond," A/RES/65/186, 21 December 2010.
(11) "2010 and 2020 World Population and Housing Census Programmes," E/CN.3/2015/6（Distr.: General 15 December 2014）.
(12) ワシントン・グループが討議した内容については，国連統計委員会（http://unstats.un.org/unsd/methods/citygroup/washington.htm）ならびにワシントン・グループの事務局を担当するアメリカ疾病管理予防センター（http://www.cdc.gov/nchs/washington_group.htm）のウェブサイトで公開されている。
(13) 国連統計局のもとで活動する，特定分野の統計手法などの課題を議論する非公式な国家統計当局等の専門家による集まり。
(14) "The Washington Group Short Set of Questions on Disability,"（http://www.washingtongroup-disability.com/wp-content/uploads/2016/01/The-Washington-Group-Short-Set-of-Questions-on-Disability.pdf）.
(15) "Testing Methodology,"（http://www.washingtongroup-disability.com/methodology-and-research/testing-methodology/）テストに至る前段階として，翻訳の問題もある。翻訳を行う際には，方言によって用語の意味が変化するなどの言語上の差異，翻訳上の困難，多様な文化にわたってひとつの概念を

適用しようとする困難などがあり，そのためワシントン・グループでは，翻訳実施要綱を作成している。そこでは，用語の同一性よりも，質問に対する同一の理解が異なる国と文化においても得られることが重要視されている ("Translation Protocol", http://www.washingtongroup-disability.com/wp-content/uploads/2016/01/5_appendix2.pdf)。

(16) "Testing Methodology," (http://www.washingtongroup-disability.com/methodology-and-research/testing-methodology/).

(17) "Implementation," (http://www.washingtongroup-disability.com/implementation/).

(18) 対象者属性，人口統計。

(19) "WG Conceptual Framework," (http://www.washingtongroup-disability.com/methodology-and-research/conceptual-framework/).

(20) "Rationale and Principles for Questions on Child Functioning," (http://www.washingtongroup-disability.com/washington-group-question-sets/child-disability/).

(21) 2歳以下の児童の障害を，人口センサスで把握するのは，不可能であるとの共通認識がある（UNICEF 2013, 16）。

(22) "Rationale and Principles for Questions on Child Functioning," (http://www.washingtongroup-disability.com/washington-group-question-sets/child-disability/).

(23) 詳しくは，(http://www.mics.unicef.org/) 参照。

(24) "Report of the Open Working Group of the General Assembly on Sustainable Development Goals," A/68/970, 12 August 2014, sect. IV, para.18.

(25) 脆弱な状況下の人々に対する目標として，「1.3 社会的保護」「1.4 基礎サービス」「1.5 災害に対する抵抗力」「2.1 飢餓」「6.2 衛生」「11.5 災害の影響力の減少」がある。また，差別禁止に言及する目標として「10.3 機会均等」と「16b 差別禁止」もとくに障害者にかかわる。

(26) 2015年に，国連統計委員会のもとに設置された28カ国の代表からなる専門家グループ。2016年3月現在，230のSDGs指標が国連統計委員会に提出され，承認されている。それらは，さらに経済社会理事会や国連総会に諮られた。

(27) "Report of the Inter-Agency and Expert Group on Sustainable Development Goal Indicators," E/CN.3/2016/2, para.26.

(28) "Disability Data Disaggregation – Joint Statement by the Disability Sector," Fourth Meeting of the IAEG-SDG's, Geneva, November 2016. 障害分野の構成，UNDP, ILO, INICEF, WHO, OHCHR, UNPF, 障害者の権利に関する国連特別ラポーター，障害者の権利を促進する国連パートナーシップ，IDA, 世界障害と開発コンソーシアム（IDDC）からなる。

(29) 「アジア太平洋障害者の『権利を実現する』インチョン戦略」General, E/

ESCAP/APDDP（3）/3，2012年11月14日。

⑶0 "Realizing the Millennium Development Goals and other internationally agreed development goals for persons with disabilities towards 2015 and beyond," A/RES/69/142,22 January 2015.

〔参考文献〕

＜日本語文献＞

北村弥生 2016.「国連の障害統計に関するワシントン・グループの取り組み」『ノーマライゼーション』36（42）11月 15-17.

小林昌之編 2010.『アジア諸国の障害者法——法的権利の確立と課題——』アジア経済研究所.

森壮也編 2010.『途上国障害者の貧困削減——かれらはどう生計を営んでいるのか——』岩波書店.

＜英語文献＞

Altman, Barbara M., and Sharon N. Barnartt, eds. 2006. *International Views on Disability Measures: Moving toward Comparative Measurement*, Amsterdam: JAI press.

Altman, Barbara M., ed. 2016. *International Measurement of Disability: Purpose, Method and Application the Work of the Washington Group*, Switzerland: Springer.

Cappa, Claudia, Elena De Palma, and Mitchell Loeb 2015. "The UNICEF/WG Module on Inclusive Education: Update on the Development of the Module on Inclusive Education (PPT)," 15th WG Meeting, Copenhagen, 27-29 October .

IAEG-SDGs (Inter-Agency and Expert Group on Sustainable Development Goal Indicators) 2016. "Final List of Proposed Sustainable Development Goal Indicators," Report of the Inter-Agency and Expert Group on Sustainable Development Goal Indicators, E/CN.3/2016/2/Rev.1, Annex IV.

Loeb, Mitchell 2012. "A White Paper on Disability Measurement," *Disability and International Development*, (1), 4-12.

Madans, Jennifer H., Mitchell E. Loeb, and Barbara M. Altman 2011. "Measuring Disability and Monitoring the UN Convention on the Rights of Persons with Disabilities: The Work of the Washington Group on Disability Statistics," *BMC Public Heath*（http://www.biomedcentral.com/1471-2458/11/S4/S4，2017年1月10日アクセス）.

Martinho, Maria 2016. "Outline and Plan for the 2018 UN Flagship Report on Disability and Development: Introduction (PPT) ," Third Expert Meeting on Monitoring

and Evaluation for Disability-inclusive Development (MEDD), 28-29 November (http://www.un.org/disabilities/documents/2016/MEDD3/scrpd_opening.pptx, 2017年1月10日アクセス).
Mittler, Peter 2015. "The UN Convention on the Rights of Persons with Disabilities: Implementing a Paradigm Shift," *Journal of Policy and Practice in Intellectual Disabilities*, 12 (2) June: 79-89.
Mont, Daniel 2007. *Measuring Disability Prevalence*, SP Discussion Paper (0706) World Bank.
Secretary-General 2012. "Realization of the Millennium Development Goals and internationally agreed development goals for persons with disabilities: a disability-inclusive development agenda towards 2015 and beyond," (Report of the Secretary-General), A/67/211, 30 July.
UNDESA (United Nations Department of Economic and Social Affairs) and UNESCO 2014. "United Nations Expert Group Meeting on Disability Data and Statistics, Monitoring and Evaluation: The Way Forward-a Disability-Inclusive Agenda Towards 2015 and Beyond, Paris, France (8-10 July 2014) Report," (http://www.un.org/disabilities/documents/egm2014/EGM_FINAL_08102014.pdf, 2016年2月1日アクセス).
UNDESA and WHO (World Health Organization) 2015. "Disability indicators for the SDGs," 16 October (http://www.un.org/disabilities/documents/disability_indicators_oct2015.docx, 2016年2月1日アクセス).
UNESCAP 2014. *ESCAP Guide on Disability Indicators for the Incheon Strategy*, ST/ESCAP/2708, Bangkok: United Nations.
UNGA (United Nations General Assembly) 2005. "2005 World Summit Outcome," A/RES/60/1, 16 September.
―――― 2013. "Outcome document of the high-level meeting of the General Assembly on the realization of the Millennium Development Goals and other internationally agreed development goals for persons with disabilities: the way forward, a disability-inclusive development agenda towards 2015 and beyond," A/RES/68/3, 23 September.
―――― 2015. "Transforming our world: the 2030 Agenda for Sustainable Development," A/RES/70/1, 25 September.
UNICEF 2013. "Guidelines for Disability Situation Analyses," version 5, 26 June.
UNSD (United Nations Statistics Division) 2007. "Principles and Recommendations for Population and Housing Censuses," Revision 2 (ST/ESA/STAT/SER.M/67/Rev.2), New York: United Nations.
WG (Washington Group) 2006. "Overview of Implementation Protocols for Testing

the Washington Group Short Set of Questions on Disability,"（http://www.washingtongroup-disability.com/wp-content/uploads/2016/01/main_implementation_protocol_Short_set.pdf，2017年1月20日アクセス）．
――― 2016. "Report of Ability of Countries to Disaggregate SDG Indicators by Disability,"（http://www.washingtongroup-disability.com/wp-content/uploads/2016/02/report_of_ability_of_countries_to_disaggregate_sdg_indicators_by_disability.pdf，2017年1月20日アクセス）．
WHO and WB（World Bank）n.d. "Model Disability Survey: Providing evidence for accountability and decision-making,"（http://www.who.int/disabilities/data/mds_v4.pdf，2016年2月1日アクセス）．

第 2 章

インドネシアの障害女性と障害児
——2010年人口センサスの個票データを用いた分析——

東 方 孝 之

はじめに

　本章の目的は，インドネシアを事例に，おもに2010年の人口センサスの個票データを用いて障害女性ならびに障害児についての分析を行うことである。次節以降に展開される分析では，障害の有無と教育水準・厚生水準（1人当たり支出水準）との相関関係をみたうえで，教育水準については障害の有無との因果関係を探るが，まず，本節では先行研究ならびにインドネシアの障害者統計を概観しておくことにしよう。

　先行研究をみると，インドネシアの障害者の分析にあたっては，基本的にはインドネシア中央統計庁（BPS）が毎年集めている大規模家計調査である社会経済調査（Susenas）が利用されている[1]。社会経済調査はコアとモジュールの部分に分かれており，モジュール部分は3年で質問内容が一巡するようになっている。障害者についての質問項目はこのモジュール部分に含まれており，2006年社会経済調査を用いてインドネシアの障害者について分析した東方（2010）は，人口に占める障害者の比率は質問方法によって大きく異なることを指摘している。たとえば，2003年社会経済調査では全サンプルに占める障害者の比率は0.7％であったのに対し，質問項目が大きく変更された2006年社会経済調査を用いると，障害者は，(1)「補助器具（眼鏡な

ど）なしには生活に困難を感じる」割合は6.3％，(2)「介助が時々もしくは常に必要」な割合は2.5％，(3)「介助が常に必要」な割合は0.7％，となっており，その比率は定義しだいで大きく変わっている。また，2003年社会経済調査と2006年社会経済調査とのあいだで障害者比率に違いが確認される一因としては，障害の原因についての回答項目に，2006年版には「老齢」が含まれているのに対し，2003年には含まれていないことから，たとえば痴呆症を発症した高齢者を障害者とみなすかどうか，という点で対応が異なっている可能性を指摘している。

インドネシアの障害者世帯の貧困については，東方（2010）や13カ国の家計調査結果を用いて分析した Filmer（2008）が，教育水準をコントロールすると貧困と障害者世帯との統計的に有意な関係が確認できないことを指摘している。Filmer（2008）はインドネシアの分析にあたって2003年社会経済調査を利用しているが，この研究では，最も裕福な世帯層（上位20％）では最下層と比較して障害者世帯は半分程度であること，また，障害児（6〜17歳）の就学状況は半分以下であることも指摘している。さらに，Filmer（2008）では内生性の問題を考慮して，少なくとも1人が障害児である兄弟姉妹のみをサンプルとした分析も行い，障害児は51％ポイント就学確率が低くなっている，という分析結果を紹介している。

さて，本章での分析に用いるのは，2010年人口センサスならびに2009年社会経済調査の個票データである。とくに，前者は10年に一度実施している人口センサスとしては1980年以来30年ぶりに障害者に関する情報を集めているが，この個票データを用いた詳細な分析はほとんど手つかずのままになっている。そのため，本章では一節を割いて，2010年人口センサスで集められている障害者情報について整理するが，その際には，先行研究で用いられてきた大規模家計調査である社会経済調査の2009年版の情報についても内容を確認する。これは，社会経済調査からは，人口センサスには含まれていない情報，たとえば障害の原因や，所得・支出といった厚生水準についての情報が得られるためである。

実際に分析に入る前に，本章の分析結果について簡潔にまとめると，まず，2010年人口センサスからは，障害者比率は4.3％，うち重度障害者比率は0.77％との値が得られるが，この後者の数値は2009年社会経済調査や2003年社会経済調査から得られる障害者比率（0.7％）に近い値となっていることを確認する。つぎに，2010年人口センサスを用いた男女比較からは，年齢が高くなるにつれて女性人口に占める障害者の比率は男性でみた場合よりも高くなる傾向があり，かつ，この傾向は種類別にみてどの障害においても観察されることを紹介する。最後に，子ども（10歳以上15歳未満のサンプル）に焦点を当てた分析からは，非障害児と比較して，義務教育課程からドロップアウトしている確率が軽度障害児は約12％ポイント，重度障害児では約59％ポイント高くなっており，そのほとんどが小学校課程における中退で占められていることを確認する。因果関係を探るべく実施した8歳から19歳までの双子を用いた分析からは，障害がある場合には義務教育課程からのドロップアウトの確率が36.8％ポイント高くなっていること，また小学校課程からのドロップアウトでみると35.6％ポイント高くなっているとの結果が得られた。

　本章の構成は次のとおりである。第1節では，2010年人口センサスおよび2009年社会経済調査において，それぞれどのように障害者の情報が集められていたかを確認する。そして第2節では，障害女性について，第3節では障害児について，それらの個票データを用いた分析を試みる。

第1節　障害者に関する個票データ

1．2010年人口センサス

　インドネシアでは10年に一度，人口センサスが実施されており，直近では2010年に調査が行われ，その集計結果はウェブ上で公開されている[2]。また，その個票データは，サンプルの10％に限定されているものの，統計庁から入

手することが可能である。

　2010年人口センサスの質問項目をみると[3],生まれた場所・5年前の居住地,読み書きができるかどうか,そして教育水準（修了したかどうか）や就業,家の所有・材質等について情報が集められるように構成されている。ただし,収入や支出といった厚生水準に関する情報が含まれていないため,どの世帯が貧困層に属しているかどうかといった点については,この人口センサスからは判断が困難である。

　障害に関する質問項目では,障害（cacat）があるかどうか,ではなく,以下の5項目の活動に困難（kesulitan）があるかどうかを質問している。(1)眼鏡を使っても見ることに困難がある,(2)補聴器（alat bantu pendengaran）を使っても聞くことに困難がある,(3)移動・階段を昇るのに困難がある,(4)身体的・精神的理由により記憶・集中・コミュニケーションに困難がある,(5)セルフケア（mengurus diri sendiri）に困難がある,の5項目である。この質問項目は,2006年社会経済調査の質問票を簡潔にしたものと位置づけられよう。2006年社会経済調査では,（A）補助器具なしに困難があるかどうかについて,4項目（身の回りの世話,コミュニケーション,運動・移動,視覚）の質問をしており,どれかひとつでも該当する世帯員がいれば,（B）12項目にわたって障害の有無を尋ね,（C）原因や介助の必要性,使用している補助器具などを確認している。後述するように,2009年社会経済調査ではこの質問項目はなくなり,2000年・2003年社会経済調査と同様の質問方法に戻っている（詳細は東方2010を参照）。

　2010年人口センサスでは,先述した5項目の活動に対しての困難さについて,困難が「ない」「少し（sedikit）」ある,「深刻（parah）」な困難がある,という3つの選択肢からひとつ回答する形式がとられている。そこで,本章では,困難の程度について「少し」という回答が選ばれていた場合に軽度障害,「深刻」と回答していた場合に重度障害と呼ぶことにする[4]。また,障害の種類については,便宜上,先に紹介した5項目をそれぞれ(1)視覚障害,(2)聴覚障害,(3)身体障害,(4)精神・知的障害,(5)セルフケア困

難者、と本章では呼ぶことにする。そして、障害者かどうか、という識別にあたっては、ある個人が、障害種別にみて、どれかひとつでも軽度に該当している（かつ重度に該当する項目がない）場合に軽度障害者、どれかひとつでも重度と回答している場合に重度障害者としてカウントしている。

2．障害者の比率

　先述したように、インドネシアの障害者についての分析は、基本的には社会経済調査の個票データを用いて行われてきた。ここでは、先行研究結果との比較および人口センサスデータとの比較のために、人口センサスが実施された2010年の1年前に実施された社会経済調査の個票データも併用して、障害者の情報をまとめることにする。ただし、その前に社会経済調査のサンプリング方法や障害者に関する質問項目を簡単に説明しておきたい。

　まず、社会経済調査はインドネシアの州の下におかれている地方自治体である県（kabupaten）や市（kota）ごとに調査項目の代表値が得られるようにサンプリングをしている[5]。つぎに、障害者についての質問項目を確認すると、2009年社会経済調査では、モジュール部分において、(1) 障害（cacat）があるかどうか質問したあと、該当者については、(2) 障害の種類（8項目からふたつ選択可）、(3) おもな原因（6項目からふたつ選択可）、(4) 社会とのコミュニケーションに支障があるかどうか、(5) 過去1年間に障害者向けリハビリに参加したことがあるかどうか、について質問している。

　では、実際に2009年社会経済調査ならびに2010年人口センサスの個票データをもとに障害者比率をみてみよう。表2-1は、2009年社会経済調査の個票データをもとに障害の種類・原因別にまとめた障害者比率である。まず、表のサンプルサイズからは、調査対象となっている人数は約116万人と、2006年社会経済調査の約27万人、2003年の約24万人を大きく上回っていることがわかる。これに比例して調査でカバーされている障害者の数が多くなっている点は、この2009年版調査結果を使うメリットのひとつといえよう。つぎに、

表2-1　種類別・原因別障害者比率：
2009年社会経済調査

	比率（％）
障害者	0.92
種類別	
視覚	0.17
聴覚	0.09
言語	0.07
言語・聴覚	0.06
身体	0.33
知的	0.14
身体・知的（重複）	0.09
精神	0.09
原因別	
先天的	0.41
事故・自然災害	0.16
ハンセン病	0.00
その他病気	0.30
栄養不足	0.02
ストレス	0.09
サンプルサイズ	1,155,566

（出所）　2009年社会経済調査の個票データをもとに筆者作成。
（注）　数値はサンプリング手法にしたがいウェイトづけされた値（ウェイトは統計庁により作成されたもの）。

　障害者比率を確認すると，その0.92％という値は先行研究に近い数値といえよう。障害種別でみると，身体障害が最大の0.33％で，つぎに視覚障害（0.17％），知的障害（0.14％）と続いている。原因別では，先天的障害が0.41％となっており，（ハンセン病以外の）その他病気が0.3％と続いている。ここで注意しておきたいのは，原因に「高齢」が入っていない点である。ここから，2009年社会経済調査においても，老化にともなう身体的・精神的機能の低下は障害とみなされていない可能性が高いと推察される。

　つぎに，2010年人口センサスの個票データをもとに障害者比率を確認して

表2-2　種類別障害者比率：2010年人口センサス

(%)

	重度障害者	軽度障害者	全障害者
比率（人口比）	0.77	3.53	4.30
障害の種類			
視覚	0.22	2.26	2.48
聴覚	0.20	1.10	1.30
身体	0.30	1.09	1.39
精神・知的	0.29	1.01	1.30
セルフケア	0.31	0.99	1.30
サンプルサイズ		23,563,560	

（出所）　2010年人口センサスの個票データをもとに筆者作成。
（注）　困難（kesulitan）が「少しある」に該当する場合に軽度障害，「深刻な困難がある」に該当する場合に重度障害，とみなしている。障害の種類については，便宜上，(1) 眼鏡を使っても見ることに困難がある場合を視覚障害，(2) 補聴器を使っても聞くことに困難がある場合に聴覚障害，(3) 移動・階段を昇るのに困難がある場合を身体障害，(4) 身体・精神的理由により記憶・集中・コミュニケーションに困難がある場合を精神・知的障害，そして，(5) セルフケアに困難がある場合をセルフケアと表記している。障害項目については重複回答が可能であるため，障害種別の比率を合計した値と障害者の比率とは一致しない。

みよう（表2-2）。表からは，まず，障害者比率は，重度障害者で0.77％，軽度障害者で3.53％，全障害者では4.3％となっており，比率でみるならば，重度障害者比率が社会経済調査の障害者比率（0.92％）に近い値となっていることがわかる。つぎに，障害種別にみていくと，重度障害者では，セルフケア困難者が最大の0.31％を占めており，身体障害（0.3％），精神・知的障害，視覚障害，聴覚障害という順番になっている。これに対して，軽度障害者では，視覚障害者の割合が2.26％と最も大きく，聴覚障害，身体障害，精神・知的障害，そしてセルフケア困難者と続いていることが確認できる。さらに，男女別種類別に障害者比率を確認してみると，表2-3のようになる。興味深いことに，障害のすべての種類ならびに重度・軽度のどちらにおいても障害女性の比率が障害男性の比率を上回っている。次節ではこの男女差についてより詳しく探ることにしよう。

表2-3　男女別障害種別でみた障害者比率：2010年人口センサス

(%)

	女性 (1)	男性 (2)	差 (1)−(2)
視覚障害	2.77	2.19	0.58*
軽度	2.51	2.01	0.50*
重度	0.26	0.18	0.08*
聴覚障害	1.55	1.06	0.50*
軽度	1.33	0.88	0.45*
重度	0.23	0.18	0.05*
身体障害	1.67	1.11	0.56*
軽度	1.33	0.85	0.47*
重度	0.34	0.26	0.09*
精神・知的障害	1.49	1.11	0.37*
軽度	1.18	0.84	0.34*
重度	0.30	0.27	0.03*
セルフケア	1.43	1.17	0.26*
軽度	1.09	0.88	0.21*
重度	0.34	0.29	0.05*
障害	4.67	3.94	0.72*
軽度	3.84	3.23	0.61*
重度	0.83	0.71	0.11*
サンプルサイズ	11,848,225	11,715,335	

（出所）　2010年人口センサスの個票データをもとに筆者作成。
（注）　表2-2参照。*は平均値の差の検定で0.1％水準で統計的に有意な差があることを示す。

第2節　障害女性の分析

1．年齢別種類別にみた障害比率

　女性に占める障害者の比率が相対的に高い理由を探るべく，まずは人口センサスデータを用いて年齢別種類別に障害者比率を計算したところ，どの障害でも年齢の高まりとともに女性の障害者比率が男性の比率を上回るように

第 2 章　インドネシアの障害女性と障害児　63

図2-1　男女別年齢別障害者比率

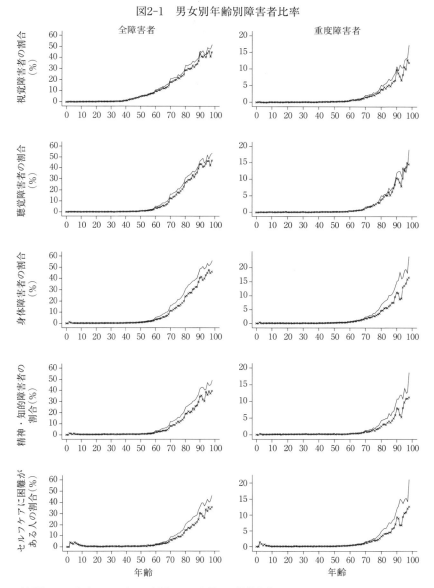

（出所）　2010年人口センサスの個票データを用いて筆者作成。
（注）　実線は女性，マーカー付きの破線は男性を示している。表2-2参照。

図2-2 男女別年齢別障害者比率（5〜50歳）

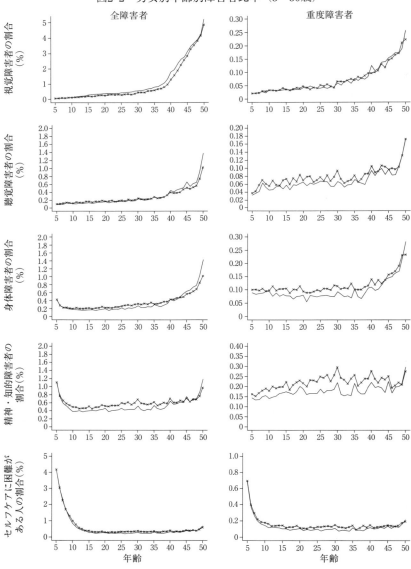

（出所） 2010年人口センサスの個票データを用いて筆者作成。
（注） 実線は女性，マーカー付きの破線は男性を示している。表2-2参照。

なっていることが確認できる（図2-1および図2-2）。

　図2-1では，30歳代後半から視覚障害者の比率が増え始め，おおよそ60歳以降になると，女性人口に占める障害女性の割合が男性人口に占める障害男性の割合を上回っていることが確認できる。重度視覚障害に限定した場合では，60歳を過ぎたあたりから障害者比率が増え始めており，70歳前後から，やはり女性の障害者比率が男性を上回っている。ここで，図をみるうえで注意しておきたいのは，年齢別でみた人口構成の特徴を念頭に入れる必要がある，という点であろう。途上国の人口センサス結果をみる際にしばしば指摘されるように，インドネシアにおいても，回答者が調査対象者（本人）の年齢を正確に覚えていないため，調査時には大まかな年齢が記入されてしまうことが原因となって，区切りのよい年齢（たとえば30歳や40歳，45歳）で人口が極端に大きくなっているケース（age heaping）が発生している（たとえば東方 2016 の人口ピラミッド図を参照）。そのため，図2-1でも年齢の高まりとともに，下1桁がゼロないしは5のところで不自然な動きをみせている。

　図2-2は，5歳から50歳までのサンプルを取り出して男女別に障害者の比率を図示したものである。視覚障害にのみ注目すると，この図からは，30歳代後半から男女ともに障害者比率（ただし基本的には軽度障害者の比率）が急速に増えており，そして，（軽度の場合には）15歳頃から一貫して女性に占める障害者の割合が男性を上回っていることが確認できる。

　他の種類の障害についても図2-1と図2-2をみながら同様に確認していこう。聴覚障害では，人口比でみて男女ともに全体では50歳くらいから，そして重度障害では70歳くらいから障害者の比率が増加しており，どちらにおいても，年齢が上がるにつれて，女性に占める障害者比率が男性の障害者比率を上回るようになっている（図2-1）。50歳以下に限定した場合（図2-2）には，40歳頃から男女ともに障害者の割合が増えるにつれて，とくに女性に占める障害者比率が増加していることがわかる。身体障害でも，50歳前後から障害者比率の上昇がみられ，その上昇にあわせて，やはり女性に占めるその比率が男性よりも高くなっている。興味深いのは5歳から50歳以下の場合である。10

歳以下で一時的に軽度の障害者比率が上昇している。これは，本章では便宜的に「身体障害」としているカテゴリーが，もともとの質問では「移動・階段を昇るのに困難がある」かどうかを聞いていることから，年齢が低い場合には身体能力が未発達がゆえに，たとえば階段の昇り降りが上手にできないケースがあることを反映して，軽度障害者の比率が高くでていると推察される。このように，人口センサスの障害者に関するデータを用いるにあたっては，身体能力の発達にあわせて困難が解消されるようなケースがサンプルに含まれている可能性が高いことに注意して，分析を進める必要があることがわかる。つぎに，精神・知的障害であるが，身体障害のケースと同様な傾向を確認できる。高年齢層では，とくに女性の障害者比率が大きく上昇していること，そして，5歳から50歳に絞ってみた場合には，10歳以下で障害者比率が不自然に高くなっていることがわかる。これも，もともとの質問では「身体・精神的理由により記憶・集中・コミュニケーションに困難がある」かどうか，という内容だったことを考えると，低年齢層では精神的にも未発達であるため，たとえば集中力が低く，記憶力も不十分である，として「困難がある」という回答項目にチェックが入った可能性があると推察される。最後に，セルフケアにおける困難という点であるが，やはり高年齢層における女性障害者比率の高さと，身体障害や精神・知的障害と同様に，低年齢層での障害者比率の一時的上昇がみられる。

　これまでみてきた図からは，年齢別障害種類別に障害者比率を確認したところ，どの障害でも，年齢が高くなるほど女性の障害者比率が男性の障害者比率を上回るようになる傾向がみられた。この男女間の障害者比率の差に統計的に有意な違いがあるかどうかを年齢層別に確認したものが表2-4である。まず，10歳以上15歳未満では視覚・軽度視覚障害を除いて，すべての項目で男性の障害者比率が女性の障害者比率を上回っていた（表中の1列目および2列目）。つぎに，25歳以上50歳未満でみると，視覚・軽度視覚障害に加えて聴覚・軽度聴覚障害でも女性の障害者比率が男性を上回るようになり，また，軽度身体障害では差が統計的に有意でなくなっている（表中の3列目およ

第2章　インドネシアの障害女性と障害児　67

表2-4　障害者比率（％，年齢層別男女別障害種別）

	10歳以上15歳未満			25歳以上50歳未満			50歳以上		
	女性 (1)	男性 (2)	差 (1)-(2)	女性 (3)	男性 (4)	差 (3)-(4)	女性 (5)	男性 (6)	差 (5)-(6)
視覚障害	0.18	0.16	0.03*	1.44	1.23	0.21*	12.82	10.58	2.24*
軽度	0.15	0.12	0.03*	1.35	1.14	0.21*	11.55	9.73	1.82*
重度	0.03	0.03	-0.00	0.09	0.09	-0.00	1.27	0.85	0.42*
聴覚障害	0.12	0.15	-0.03*	0.34	0.33	0.02*	8.23	5.56	2.67*
軽度	0.07	0.08	-0.01*	0.27	0.24	0.03*	7.17	4.81	2.36*
重度	0.05	0.06	-0.01*	0.07	0.09	-0.01*	1.06	0.75	0.31*
身体障害	0.17	0.21	-0.03*	0.37	0.40	-0.03*	8.49	5.27	3.21*
軽度	0.09	0.10	-0.02*	0.27	0.27	-0.01	6.90	4.23	2.66*
重度	0.08	0.10	-0.02*	0.10	0.12	-0.02*	1.59	1.04	0.55*
精神・知的障害	0.39	0.48	-0.09*	0.53	0.62	-0.09*	6.34	3.87	2.47*
軽度	0.23	0.28	-0.05*	0.34	0.38	-0.04*	5.35	3.25	2.10*
重度	0.16	0.19	-0.04*	0.19	0.24	-0.05*	0.98	0.62	0.37*
セルフケア	0.56	0.66	-0.10*	0.29	0.37	-0.07*	4.84	3.01	1.83*
軽度	0.43	0.51	-0.07*	0.19	0.23	-0.04*	3.70	2.28	1.42*
重度	0.13	0.16	-0.03*	0.10	0.13	-0.03*	1.14	0.73	0.41*
障害	0.93	1.07	-0.13*	2.28	2.23	0.05*	18.64	15.02	3.62*
軽度	0.69	0.76	-0.07*	1.91	1.78	0.13*	15.47	12.72	2.75*
重度	0.24	0.30	-0.06*	0.36	0.44	-0.08*	3.16	2.30	0.87*
サンプルサイズ	1,093,173	1,156,720		4,464,622	4,480,270		1,947,166	1,849,995	

（出所）2010年人口センサスの個票データをもとに筆者作成。
（注）表2-2参照。*は平均値の差の検定で0.1％水準で統計的に有意な差があることを示す。

び4列目)。そして，50歳以上になると，すべての項目で女性の障害者比率が男性を上回っていることが確認できる（表中の5列目および6列目)。

以上のように，インドネシアの人口センサスを用いた分析では，年齢が上がるにつれて女性の障害者比率が男性を上回るようになるのはなぜだろうか。サンプルサイズの比較からわかるように，年齢が上がるにつれて女性の人数が男性の人数を上回るようになっていること，つまり，年齢が高くなるにつれて女性の障害者比率が急速に高まる背景には，女性の寿命が男性よりも長いことが反映されていることも一因と予想されるが，この点についての詳細な分析は今後の課題としておきたい。

2．障害者の特徴

ここでは障害者にみられる特徴について，とくに教育水準や居住地，支出水準などを確認しておきたい。学齢期や生産活動に従事している年齢層を念頭に，2010年人口センサスの個票データから25歳以上50歳未満のサンプルを抜き出し，重度障害者と軽度障害者，そして非障害者ごとに，年齢，都市在住者割合，教育年数（各課程を修了した場合のみ年数をカウント），小学校・中学校課程からの中退者の割合をまとめたものが表2-5である。まず，障害の種類を確認すると，重度障害者では男女ともに精神・知的障害の占める割合が最も高い。軽度障害者ではセルフケアに困難のある人が少なく，また視覚障害が6割以上を占めていること，とくに軽度障害女性のほぼ7割は視覚障害を負っていることがわかる。つぎに，年齢は，軽度障害者の平均年齢が40歳と高く，また，重度障害者も非障害者と比較して若干高くなっている。居住地は，重度障害者では都市在住者割合が4割程度であるのに対して，軽度障害者・非障害者は5割程度を占めている。そして，教育年数ならびに中退者の割合をみると，どのグループでも女性の中退者割合が男性を上回っており，小・中学校課程からの中退者割合も女性のほうが8％ポイントほど高くなっている。ただし，小学校課程からの中退者の男女差をみると，非障害者

表2-5　障害者・非障害者の男女別属性：2010年人口センサス結果から
（25歳以上50歳未満）

	重度障害者		軽度障害者		非障害者	
	女性	男性	女性	男性	女性	男性
年齢（歳）	37.5	36.9	40.4	40.3	35.8	35.9
都市在住（％）	42.0	42.9	51.1	50.4	51.3	51.7
教育年数（年）	3.7	4.7	6.9	7.9	8.2	8.8
小・中学校中退（％）	79.7	71.2	59.1	50.2	48.9	40.6
小学校中退（％）	55.3	46.4	25.6	19.8	11.3	8.1
障害の種類（％）						
視覚	24.2	20.4	69.6	62.9		
聴覚	20.3	19.2	12.0	11.3		
身体	27.6	27.8	12.3	13.5		
精神・知的	51.4	54.4	16.0	19.3		
セルフケア	28.3	30.0	6.4	8.2		
サンプルサイズ	16,278	19,856	85,468	79,961	4,362,875	4,380,453

（出所）　2010年人口センサスの個票データをもとに筆者作成。
（注）　表2-2参照。障害の種類は複数回答が可能であるため，合計値は100％を超えている。

では女性が3.2％ポイント高くなっているのに対して，軽度障害者では5.8％ポイント，重度障害者では8.9％ポイントと障害が重くなるにつれて男女差が広がっている。

　表2-6は，2009年社会経済調査の個票データを用いた場合である。まず，障害の種類では，男女ともに身体障害の占める割合が最大で，男性では精神障害が，女性では知的障害が続いている。表2-5の重度障害者との比較からは，精神・知的障害の割合（合計値）が低く，身体障害の割合がやや高くなっている点が異なっている。障害の原因を確認すると，女性では半数以上が先天的であり，その他病気が2番目である。対して男性では先天的が最大であるものの4割にとどまり，2番目は事故・自然災害となっている。年齢は障害者・非障害者ともに36歳程度であるが，居住地は非障害者はほぼ50％が都市在住であるのに対して，障害者ではそれを4％ポイント下回っている。平均教育年数（修了していない課程については，最終的に在籍した学年までをカウント）は障害者が非障害者よりも3年ほど少なく，障害女性は平均でみて

表2-6　障害者・非障害者の男女別属性：2009年社会経済調査結果から
（25歳以上50歳未満）

	障害者		非障害者	
	女性	男性	女性	男性
年齢（歳）	35.8	35.8	36.2	36.1
都市在住（％）	46.4	46.1	49.8	50.6
教育年数（年）	4.9	6.4	8.5	9.2
小・中学校中退（％）	80.2	69.2	52.3	43.1
小学校中退（％）	58.9	44.7	19.0	13.3
１人当たり支出（ルピア，月額）	370,125	397,494	461,918	465,685
日常生活（％）				
仕事	20.7	46.4	38.9	93.1
学校	0.0	0.0	0.1	0.2
家事	43.8	5.2	59.8	1.8
その他の活動	13.6	23.0	0.7	3.5
（該当なし）	21.9	25.4	0.4	1.4
障害の種類（％）				
視覚	15.0	13.1		
聴覚	5.6	5.4		
言語	8.3	6.9		
言語・聴覚	7.7	4.9		
身体	30.9	37.3		
知的	18.7	13.6		
身体・知的（重複）	10.7	8.3		
精神	14.6	19.2		
障害の原因（％）				
先天的	54.2	41.4		
事故・自然災害	14.3	23.2		
ハンセン病	0.2	0.7		
その他病気	21.3	19.0		
栄養不足	2.0	1.5		
ストレス	14.7	19.5		
サンプルサイズ	1,520	2,102	213,269	205,765

（出所）　2009年社会経済調査の個票データをもとに筆者作成。
（注）　数値はサンプリング手法にしたがいウェイトづけされた値（ウェイトは統計庁により作成されたもの）。「日常生活」は「過去1週間のうちで最も多くの時間を費やした活動」を質問したもの。「その他の活動」には私的活動以外で運動や講習，社会奉仕といった活動が含まれている。また，「仕事」から「その他の活動」のいずれにも該当しない場合は「該当なし」として集計されている。障害の種類・原因については2つまで回答することができるため，合計値は100％を超えている。

小学校卒業水準に達していない。男女差をみると，非障害者では女性が男性を0.7年下回っているのに対して，障害者では女性が1.5年低くなっている。中退者の割合では，かつては中学校が義務教育に含まれていなかったことを考慮して小学校課程からの中退者に注目すると，非障害者では女性の小学校中退者割合が5.7％ポイント高いのに対して，障害者では14.2％ポイントもの差が生じている。これは人口センサスから得られる数値（重度障害者では女性が8.9％ポイント高い）を上回っている。

つぎに，障害者の生計を探るべく，日常生活ならびに支出額（月額）を確認してみよう（表2-6）。「過去1週間のうちで最も多くの時間を費やした活動」として，障害者では男女ともに，「仕事」と回答した割合が非障害者の半分程度にとどまっている。これが反映されていると思われるが，1人当たり支出額は障害者世帯の方が少なくなっている。男性障害者世帯では男性非障害者世帯よりも1人当たりでみて7万ルピア（当時の為替レートで約630円），女性障害者の場合には9万ルピア（同約830円）ほど少なくなっている。また，非障害者世帯の男女間での支出額の差よりも障害者世帯の男女間での支出額の差のほうが大きくなっている。つまり，障害者女性世帯の方が障害者男性世帯よりも厚生水準が低くなっていることが確認できる。

以上，本節では，（非障害者のみならず）男性障害者と比較した場合でも，女性障害者は相対的に教育年数が低く，小学校や中学校からの中退者割合が高かったこと，そして1人当たり支出額で測った厚生水準が低いことを確認した。この障害と教育水準，支出水準との相関関係については，教育水準が雇用や賃金水準に与える影響を考えるならば，とくに障害の有無と教育水準との因果関係について探ることが重要であろう。そこで，次節の障害児の分析においては，学齢期の年齢層のサンプルを用いておもに教育水準への影響を明らかにすべく分析を試みる。

第3節　障害児の分析

1．障害児の平均的特徴

　本節では障害児，とくにその教育面における非障害児との違いに焦点を当ててみていく。表2-7は2010年人口センサスの個票データをもとに，10歳以上15歳未満の年齢層についてその特徴をまとめたものである。ここで年齢層を10歳以上としているのは，図2-2でみたように，おおよそ10歳程度までの低年齢層においては，子どもたちが精神的・身体的発達の途上にあることが反映された結果であると思われるが，障害に関する質問に対して，活動に「困難がある」と回答されているケースが少なからず観察されるからである。精神的・身体的発達に伴い，困難なく質問項目にある活動をこなせるようになるであろう子どもたちを障害児とみなして分析することには，問題があろう。一方で，たとえば回答者のなかには成長と関係なく成人後も残る身体的障害者が含まれていたとしても，両者を識別する手段がない。そこで，ここでは分析対象年齢を10歳以上15歳未満までに絞った。なお，インドネシアでは小学校6年（7～12歳）・中学校3年（13～15歳）が義務教育となっている[6]。

　表2-7からわかるのは，どのグループも平均年齢が約12年であること，そして非障害児の46％ほどが都市部に住んでいるのに対し，重度障害児では6％ポイントほどその割合が低くなっていることである。興味深いのは軽度障害児であろう。男女，なかでも軽度障害女児の場合には，非障害者よりも都市在住割合が高い。教育面での特徴をみると，非障害児では義務教育課程からの中退者は女児で6％，男児で7％であるのに対して，軽度障害児では12％ポイント，重度障害児では59％ポイントも中退している割合が高くなっている。そしてその大半が，小学校課程でのドロップアウトだということがわかる。ここで表2-5との比較で興味深いのは，どのグループでも女性のほうが男性よりも義務教育課程・小学校課程から中退している割合が低くなっ

表2-7 非障害児，軽度・重度障害児の比較：2010年人口センサス結果から
（10歳以上15歳未満）

	重度障害児		軽度障害児		非障害児	
	女児	男児	女児	男児	女児	男児
年齢（歳）	12.0	12.0	11.7	11.7	12.0	12.0
都市在住（％）	40.9	40.9	48.5	46.8	46.4	46.0
小・中学校中退（％）	65.1	66.8	18.5	19.9	6.2	7.4
小学校中退（％）	62.3	64.0	15.6	17.3	2.5	3.4
サンプルサイズ	2,650	3,492	7,550	8,834	1,082,973	1,144,394

（出所）　2010年人口センサスの個票データをもとに筆者作成。
（注）　表2-2参照。

ている，という点であろう。

　ではつぎに，2009年社会経済調査結果を用いて同様に障害児の特徴をまとめることにしよう（表2-8）。障害の種類では，障害女児では知的障害の割合が最も高く，障害男児では身体障害の割合が高い。そして障害の原因をみると，先天的と回答した割合が男女どちらも7割以上に上る。ついで，女児ではその他病気が，男児では事故・自然災害を原因とする障害だとされる。これらの障害の種類・原因の特徴は表2-6でみた25歳以上50歳未満の障害者の特徴と似通っている。また，平均年齢はどのグループもほぼ12歳であり，都市在住者割合からは，女児の場合は障害の有無に関係なく45％が都市部に住んでいること，一方で男児の場合は障害児の方が非障害児よりも若干高くなっていることが確認できる。平均教育年数は，非障害児では男女ともに7年近くであるのに対して，障害児では4年に満たない。表2-7との比較から興味深いのは，非障害児では女児の方が男児よりも中退者割合が低くなっていることが同様に確認できる点（ただし水準では人口センサスの重度障害児の結果よりも中退者割合が低くなっている）と，社会経済調査結果からは障害女児の中退者割合が障害男児よりも高くなっている点であろう。後者の人口センサスとの違いは，障害女児と比較して都市在住の障害男児が社会経済調査のサンプルに多く含まれていることが理由かもしれない。

　障害児の日常生活を確認すべく「過去1週間のうちで最も多くの時間を費

表2-8 障害児・非障害児の男女別属性:2009年社会経済調査結果から
(10歳以上15歳未満)

	障害児		非障害児	
	女児	男児	女児	男児
年齢(歳)	12.2	12.2	12.0	12.0
都市在住(%)	45.2	46.6	45.2	44.3
教育年数(年)	3.5	3.7	6.8	6.6
小・中学校中退(%)	60.9	55.2	4.5	5.7
小学校中退(%)	57.8	51.6	1.4	2.4
1人当たり支出(ルピア,月額)	350,294	361,417	401,014	394,725
日常生活(%)				
仕事	2.8	4.0	1.2	2.5
学校	34.8	40.0	93.4	92.2
家事	8.2	1.0	2.7	0.8
その他の活動	23.7	22.1	1.6	2.7
(該当なし)	30.5	32.9	1.1	1.8
障害の種類(%)				
視覚	9.1	10.6		
聴覚	4.5	3.1		
言語	16.0	14.6		
言語・聴覚	9.9	8.4		
身体	26.6	30.5		
知的	28.7	27.7		
身体・知的(重複)	16.5	15.8		
精神	0.7	3.5		
障害の原因(%)				
先天的	70.0	73.5		
事故・自然災害	8.6	14.2		
ハンセン病	0.1	0.1		
その他病気	23.4	13.7		
栄養不足	2.1	1.2		
ストレス	0.3	2.5		
サンプルサイズ	374	497	56,050	60,640

(出所) 2009年社会経済調査の個票データをもとに筆者作成。
(注) 表2-6を参照。

やした活動」をみると，非障害児では9割以上が学校と回答しているのに対して，障害児ではドロップアウト率が高いことを反映して，学校と回答した割合が5割を下回っている。代わりに，非障害児と比較して，障害女児では家事・仕事の割合が高くなっており，障害男児では仕事に従事している割合が高い。また，障害児では「その他」や「該当なし」が選択されている割合もそれぞれ2割以上，3割以上となっている。

最後に，1人当たり支出（月額）をみると，障害児世帯の支出額は，男女どちらも非障害児世帯よりも少なくなっており，所得が低い世帯に障害児が属している傾向がある。以上からは，家計の豊かさと障害児の有無，そして障害児の低い教育年数（高い中退者割合）との相関関係が確認できる。次項では，この障害の有無と低い教育年数との因果関係について探ることにしよう。

2．義務教育課程からの中退の分析——双子のケース——

これまでみてきたように，障害があることと義務教育課程からのドロップアウトの高さとの相関関係はしばしば指摘されているが，因果関係を明示的に示した実証研究はほぼ皆無に等しいのが現状である。障害の有無・程度を直接教育変数に回帰させる推計手法では，観察することが困難な変数の存在により，残差と障害変数との相関が生じるという内生性の問題が，そのおもな理由である。例外的に，この内生性の問題を考慮して障害児と教育水準との因果関係について分析した研究としては Filmer (2008) がある。Filmer (2008) は，就学確率に障害の有無が与えた影響を分析するにあたって，きょうだい間での障害の有無を利用し，観察が困難な家計間の違いをコントロールして分析を行っている点で極めて重要な研究であるが，次のような問題点を指摘できよう。まず，きょうだい間で受けた経済的ショックのタイミングの違いが教育水準にもたらす影響である。とくにインドネシアの文脈では1998年のアジア通貨危機の影響を考慮する必要があると思われる。Filmer

(2008) は，インドネシアについては2003年時点での6歳から17歳の子どもを分析対象としているが，その児童らはアジア通貨危機の負の影響が強く観察された1998年には1歳から12歳であったことになる。その子どもたちのうち，当時学齢期にあった7歳から12歳（2003年の社会経済調査が実施された時点で11歳から17歳）の児童はおそらく経済的な負の影響を受けて，その後就学する子どもたちよりもドロップアウトしている確率が高くなっていたであろう[7]。このような世帯の経済状況の違いに加えて，コミュニティに観察された変化，たとえば小学校へのアクセスしやすさの変化，といった違いについてもコントロールできていないため，先行研究の推計結果にはバイアスが生じている可能性がある。つぎに，きょうだい間の能力差についてもコントロールされていない点も問題であろう。先天的な能力差に加えて，胎児および乳幼児（2歳以下）の際の栄養状態が成人後の所得や資産・身長・教育水準などに与える影響が指摘されている（Victora et al. 2008）ことを考えると，通貨危機直後に栄養状態の悪い環境におかれていた子どもたちは，その上のきょうだいと比較して，その後の認識能力などの発達に遅れが生じている可能性があるだろう。

　以上のような問題点をふまえて，本章では，限られた情報のもとで可能なかぎり厳密に推計するべく，双子の情報に注目した分析結果を報告する。具体的には，2010年人口センサスの出生年月日の情報をもとに双子を特定し，また，そのなかから片方のみが障害があると回答しているケースを利用して，障害のあることが教育水準（義務教育課程からの中退）に与えた影響を分析する。双子であれば同一のタイミングで同じ家計・コミュニティの経済状況の影響を受けていたと考えらえられるため，よりバイアスの小さい分析結果が得られると予想される（具体的には，同一世帯に含まれている場合に1をとる世帯ダミーを加えて推計している）。なお，人口センサスには一卵性双生児かどうかという情報は含まれていないことから，生まれもっての能力については双子であれば遺伝的にもほぼ同一である，というやや強い仮定をおいて推計していることになる。

第 2 章　インドネシアの障害女性と障害児　77

表2-9　基本統計量（8歳以上19歳未満）

	全サンプル		障害児		双子 （障害児・非障害児ペア）	
	平均値	標準偏差	平均値	標準偏差	平均値	標準偏差
年齢	12.848	3.147	12.068	3.273	12.581	3.098
都市在住	0.477	0.499	0.472	0.499	0.486	0.500
性別	0.513	0.500	0.535	0.499	0.516	0.500
小・中学校中退	0.103	0.304	0.329	0.470	0.241	0.428
小学校中退	0.035	0.183	0.281	0.449	0.194	0.396
サンプルサイズ	4,848,389		53,712		432	

（出所）　筆者計算。
（注）　都市からドロップアウトまではそれぞれ該当する場合に1をとるダミー変数。性別は男性の場合に1となるダミー変数。「ドロップアウト（小学校）」変数は小学校課程を修了していないにもかかわらず就学していない場合に1をとるダミー変数。

　2010年人口センサスの個票をもとに基本統計量をまとめたものが表2-9である。7歳では小学校未就学者が散見されることや、中等教育は一般的には18歳までに修了すること、そして、図2-2で確認されたように低年齢層では「セルフケア困難者」の比率が多くなっていることを考慮し、年齢は8歳以上19歳未満を分析対象とした。表からは、サンプルとなった障害児・非障害児の組合せからなる双子を全サンプルと比較すると、0.9％ポイント都市部居住者が多くなっており、また、男性の割合も0.3％多くなってはいるが、大きな偏りはみられないことが確認できよう。

　このサンプルをもとに最小二乗法（線形確率モデル）で推計した結果は表2-10のとおりである。推計結果によれば、障害がある場合には、小学校課程からのドロップアウトが28.7％ポイント高くなっており、また、義務教育課程（小・中学校）からのドロップアウトでみれば、30.6％ポイント高くなっている。興味深いのは、環境（都市ダミー）との交差項であろう。都市部に居住している場合には、農村部と比較して、小学校中退確率が17.5％ポイント、義務教育中退確率では15.2％ポイント低くなっている。ただし、これらの結果は軽度障害を含めた場合であり、重度障害児に限定した場合には、小学校からの中退確率は62.5％ポイント高くなっており、さらに都市ダミーと

表2-10 推計結果（8歳以上19歳未満）

	小学校中退		小・中学校中退		小学校中退重度障害	
	(1)	(2)	(3)	(4)	(5)	(6)
障害	0.287***	0.356***	0.306***	0.368***	0.625***	0.660***
	(0.034)	(0.063)	(0.035)	(0.064)	(0.054)	(0.100)
性別ダミー		-0.093		-0.035		-0.114
		(0.076)		(0.078)		(0.118)
性別ダミー×障害		0.037		0.023		0.025
		(0.079)		(0.081)		(0.134)
都市ダミー×障害		-0.175*		-0.152*		-0.123
		(0.068)		(0.069)		(0.113)
定数項	0.051**	0.097*	0.088***	0.106*	0.025	0.088
	(0.024)	(0.045)	(0.025)	(0.046)	(0.039)	(0.076)
サンプルサイズ	432	432	432	432	160	160

(出所) 筆者推計。
(注) *, **, ***はそれぞれ5％, 1％, 0.1％水準で統計的に有意であったことを示す。カッコ内は標準誤差の値（なお, 頑健標準誤差の値を確認したところ標準誤差とほぼ同じ値であった）。性別ダミー, 都市ダミーはそれぞれ男性, 都市在住の場合に1となるダミー変数である。都市ダミーは完全多重共線性のため推計時には除外されている。また, 分析は世帯ダミー（固定効果）を加えて推計している。

表2-11　推計結果（6歳以上18歳未満）

	就学	
	(1)	(2)
重度障害	-0.595***	-0.653***
	(0.058)	(0.074)
都市ダミー×重度障害		0.153
		(0.120)
定数項	0.886***	0.886***
	(0.041)	(0.041)
サンプルサイズ	158	158

（出所）　筆者推計。
（注）　表2-10参照。

の交差項も符号はマイナスであるが有意な値となっていない。なお，男女間の違いを確認するべく，分析では性別ダミーと障害変数との交差項も加えているが，得られた係数はすべて統計的に有意な値とならなかった。この結果から，性別によってドロップアウト確率に違いは生じていなかったことがわかる。

つぎに，先行研究との比較のため，6歳以上18歳未満の重度障害児の双子サンプルに限定して，就学確率の差を推計したものが表2-11である。ここでは，2010年人口センサスと2009年社会経済調査結果との比較をふまえて，Filmer（2008）の用いた2003年社会経済調査に障害児として含まれていた子どもたちは，人口センサスの重度障害児に該当すると想定している。推計結果によれば，重度障害児の就学確率は59.5％ポイント低くなっている。Filmer（2008）の線形確率モデルでは，51％ポイント低いという結果であったことから，9％ポイント近く結果が異なることになる。障害の定義に違いがあるため推計結果の単純な比較は難しいが，相対的に高い経済成長が観察されて失業率が下がり続けていた2010年（8月の失業率は7.1％）と比較して，2003年のインドネシアは2000年以降から失業率が高まっていた時期（2003年は9.7％）であり，より子どもたちの中退が発生しやすい環境にあったであろうことを考えあわせると，先行研究の推計値は過小評価であった可能性があ

るとみられる。

おわりに

　本章では，2010年人口センサスと2009年社会経済調査の個票データを用いて，インドネシアの障害者情報をまとめた。まず，2010年人口センサスの個票データを用いて，おもに男女差ならびに子ども（10歳以上15歳未満）に注目して簡単な分析を試みた。その結果，（1）年齢が高まるにつれて女性人口に占める障害者比率が男性よりも大きくなっていること，（2）障害児の義務教育課程からの中退者の割合が，非障害児と比較して，軽度障害の場合には12％ポイント，重度障害の場合には59％ポイントほど高くなっていることがわかった。つぎに，厚生水準を知るために，2010年人口センサスと1年違いで集められた2009年社会経済調査の個票データも併用して分析を行ったところ，平均的には，障害女性の教育水準が障害男性よりも低くなっていること，また，その世帯の支出水準も低くなっていることを確認した。第3に，障害の有無が小学校や中学校課程からのドロップアウトに与えた影響を探った。内生性の問題を考慮して行った双子の分析からは，軽度障害を含めた全障害児をサンプルとした場合には，2010年時点で義務教育からの中退確率が約31％ポイント高くなっていること，男女間で中退確率に違いがあるという結果は得られなかったこと，そして環境によって中退確率は異なっており，都市部居住の場合にはその中退確率は農村部よりも15％ポイント小さくなっていることを確認した。その一方で，重度障害児に限定した場合には小学校からの中退確率は63％ポイントも高くなっており，都市在住であってもその確率が小さくなるということは確認できなかった。

　最後に，今後の課題をまとめて本章の締めくくりとしたい。障害女性の分析では，年齢が上がるにつれて女性の障害者比率が男性よりも高くなっていることをみたが，この原因を探る必要がある。身体障害では女性の障害者比

率が40歳代から急速に高まっていたが（図2-2），インドネシアの妊産婦死亡率が周辺諸国よりも高い点と考えあわせると興味深い現象だと思われる[8]。また，双子の分析からは，都市居住の就学への正の効果を確認したが，障害の社会モデルの視点からは，この影響のメカニズムについて分析することが重要であろう。たとえば，都市部に集中しているとみられる特殊学級・特殊学校の有無に加えて，教育施設へのアクセスのしやすさ（距離，公共交通機関など）が障害による義務教育からの中退確率を減らしていることが予想されるが，このメカニズムを明らかにすることは障害児向けの政策を考える際に必要となるであろう。これらの課題については，村落悉皆調査（Podes）などの情報を組み合わせてより詳細な分析を試みることにしたい。

〔注〕

(1) その他，3年に一度実施される村落悉皆調査（Podes）を通じて，障害種別に行政村ごとの障害者人数について集計結果を入手することができる。ただしそこから得られる障害者比率は社会経済調査から得られる値よりも低い（東方2010）。障害者情報を含む統計についての詳細は国際協力機構（2015）や東方（2008; 2010）を参照のこと。

(2) たとえば地域別の障害者数についても統計庁のサイト（http://sp2010.bps.go.id/）から入手できる。

(3) 各人口センサスの質問内容については，BPS（2010）を参照。

(4) 国際比較を可能にするような障害統計尺度の開発を目的としているWashington Group on Disability Statistics（WG）は，人口センサス用に簡易質問項目を提案しているが，インドネシアの2010年人口センサスで用いられている質問項目は基本的にこの簡易質問項目を利用していることがわかる。WGでは各項目の回答には（1）問題なし，（2）少し困難がある（some difficulty），（3）かなりの困難がある（a lot of difficulty），（4）できない（cannot do it at all）を用意しており，（3）と（4）に該当する場合を障害者とみなすことを提唱している（WG 2009）。

(5) インドネシア統計庁の個票データに関するサイト（https://microdata.bps.go.id/mikrodata/index.php/home）から，実施された時期ごとに社会経済調査のサンプリング方法や質問票についての情報を入手できる。

(6) 義務教育課程においては入学料・授業料は無料となっている。学校は7月に始まり，飛び級も認められているが，その一方で試験に合格できないと進

級・卒業することができない。なお，中学校の義務教育化は1994年に導入された。
(7) Thomas et al.（2004）は二期間パネルデータを用いて，通貨危機によって，とくに貧困層において教育投資が減少したこと，また，高年齢層（15〜19歳）の教育費を維持するために低年齢層（10〜14歳）ほどその減少の犠牲になっていたことを指摘している。
(8) 世界銀行のデータ（http://data.worldbank.org）を用いて妊産婦死亡率（国別推計値）を確認すると，インドネシアの数値は360（10万人当たり，2012年）である。これはインドの180（同，2012年）やフィリピンの220（同，2011年），バングラデシュの210（同，2011年）といった数値を大きく上回っている。

〔参考文献〕

＜日本語文献＞
国際協力機構 2015.『国別障害関連情報――インドネシア――』国際協力機構.
東方孝之 2008.「インドネシアの障害者統計」（森壮也編「障害者の貧困削減――開発途上国の障害者の生計――（中間報告）」調査研究報告書 アジア経済研究所 157-180 http://www.ide.go.jp/Japanese/Publish/Download/Report/2007_01_13.html）.
―――― 2010.「インドネシアの障害者の生計――教育が貧困削減に果たす役割――」森壮也編『途上国障害者の貧困削減――かれらはどう生計を営んでいるのか――』岩波書店 89-117.
―――― 2016.「インドネシアの障害女性と障害児 2010年人口センサスの個票データを用いた分析（中間報告）」（森壮也編「途上国の障害女性・障害児の貧困削減」調査研究報告書 アジア経済研究所 http://www.ide.go.jp/library/Japanese/Publish/Download/Report/2015/pdf/B114_ch4.pdf）.

＜英語文献＞
BPS（Badan Pusat Statistik）2010. *Katalog Metadata SP 2010 dan Pendukungnya*, BPS.
Filmer, Deon 2008. "Disability, Poverty, and Schooling in Developing Countries: Results from 14 Household Surveys," *World Bank Economic Review*, 22（1）: 141-163.
Thomas, Duncan, Kathleen Beegle, Elizabeth Frankenberg, Bondan Sikoki, John Strauss, and Graciela Teruel 2004. "Education in a Crisis," *Journal of Development Economics*, 74（1）: 53-85.

Victora, Cesar G., Linda Adair, Caroline Fall, Pedro C. Hallal, Reynaldo Martorell, Linda Richter, and Harshpal Singh Sachdev 2008. "Maternal and Child Undernutrition: Consequences for Adult Health and Human Capital," *The Lancet*, 371, (9609), January: 340-357.

WG (Washington Group on Disability Statistics) 2009. "The Measurement of Disability: Recommendations for the 2010 Round of Censuses," WG.

第3章

インドの障害女性と貧困

―― 国勢調査からわかること ――

太 田 仁 志

はじめに

　本章の主題はインドの障害女性の貧困について，統計を用いて検討することである。女性であることと障害者であるという障害女性が直面する複合的な差別（森 2016）や，障害女性の複合的な周縁化（マージナリゼーション）を明らかにする事例研究やアネクドータルな調査研究は今日，インドに限定しても極めて多い一方で（Addlakha 2013; Friedner 2013; Ghai 2015; Ghosh 2013; Limaye 2013; Mander 2008; Rao n.d.; 浅野 2017; 太田 2016など），統計データからインドの障害女性の社会経済状況を明らかにする研究は少ない。本章は2011年に実施された国勢調査を用い，その間隙を埋める試みである。そもそも，ジェンダーの視点からインドの障害者を論ずる文献の歴史自体，20年程度と決して長いものではない（Das and Agnihotri 1998）。本章は以下でみる制約のためささやかな試みにすぎないが，それでも国勢調査の集計結果を細かく追う作業は，インドの現状では十分に意義のあることである。これが本章の第1の目的である。

　また本章では，貧困を対となる「豊かさ」から広くとらえて，差別や不平等，疎外のある状態を含むこととする。これにより，所有資産や金銭的フロー（収入，支出・消費）という経済的側面とともに，就労（労働）や教育な

どに関する機会も議論の俎上に載せることができる。就労は経済的自立や貧困からの脱出をもたらし得るもので（たとえば，山形 2008, 第1部），また時として自己実現や社会的認知の手段となる。就労を通じて仲間意識や帰属感が醸成・充足されることもあるだろう。就労には経済的のみならず社会的な意義をみることができる[1]。

　しかし複合的な差別・周縁化のために，とりわけ障害女性は就労をはじめとする機会を非障害者と同等に与えられておらず（Shenoy 2011），それが結果として，収入や所有資産にも負の影響をもたらしている可能性が高い。雇用の場合，障害者は一般に非障害者よりも収入が低く，障害者間でも障害女性は障害男性よりも収入は低くなる（WHO 2011, 239）。障害者が相対的に貧困に陥りやすいことは多くの文献が指摘しているが（たとえば，Abidi and Sharma 2014; Brucker et al. 2014），障害者が障害者であるのは社会に要因があるとする「障害の社会モデル」の視点は，障害女性に関してよりいっそう重要となる。それでは，インドにおける障害の社会モデルの現状，現実はいかなる様態なのだろうか。この点を障害女性に関して国勢調査から探るのが本章の第2の目的である。ただし第1節で述べるように，国勢調査の個票データは自由に利用できる状況になく，分析はその集計データに頼らざるを得ない。また調査項目も限定されているため，分析は制約を受ける。その意味で本章の第4節で行う分析は，簡素なモデルに基づく探索的なものとなることを，あらかじめお断りしておく。

　本章の構成は次のとおりである。第1節ではインドの障害者の現状を把握するのに，現時点では国勢調査によるのが最善であることを確認し，またインド障害者数等を概観するとともに，本章での検討に国勢調査を用いる理由と制約にふれる。第2節では主として，障害者に関する2002年全国標本調査（NSS）の個票データを用いた研究が明らかにしたインドの障害女性の状況を整理する。同時に，事例研究からインドの障害女性の姿の輪郭を描く。第3節では2011年国勢調査からインド障害女性の趨勢を，可能なかぎり非障害者および障害男性との対比で示す。第3節が本章の第1の目的に対応する節

である。第2の目的に関連して探索的分析を試みるのが，続く第4節である。第4節では国勢調査集計データから作成した指標を用い，障害者・障害女性と資産状況等に関する因果関係の探索を試みている。この探索的分析を受け，最後に議論をまとめつつ，インドの障害女性に関する障害の社会モデルの素描を試みる[2]。

第1節　障害女性に関する統計

1．大規模調査，障害者人口の輪郭

　インドでは研究者・専門機関が計量的に障害者の状況を明らかにすべく実施した標本調査は一定数みられるが（Erb and Harriss-White 2002; Mehrotra 2004; World Bank 2009; RDT 2011; Nayak 2013など），それら小規模標本調査からインドの障害女性の全体像をうかがい知るのは難しい。全体像の把握に手がかりとすべきは悉皆調査あるいは標本バイアスに配慮した大規模調査である。インドでは10年に1度実施される国勢調査が2001年と2011年の2度，また大規模調査として NSS が，現時点では2002年を最後として，障害者に関する調査を実施している。この国勢調査と2002年 NSS 障害者調査のふたつがインドの障害者を理解するために必須の統計である（Mitra and Sambamoorthi 2006b）。表3-1はこれら3つの調査からインドの障害者を障害種別，男女別にまとめたものである。

　直近の2011年国勢調査によると，インドの障害者数は男性1498万9000人，女性1182万6000人の計2681万5000人である。これは前回2001年国勢調査と比較すると，視覚障害者が男女計で500万人以上少ない一方，聴覚障害者は男女計で380万人の増加である。このような変動はこの10年間の人口動態の変化から説明できるものではない。また，2011年国勢調査と2002年 NSS では実施に9年の間があるとはいえ，知的障害者数と精神障害者数の規模が逆転

している。それにもかかわらず，集計された個別分類の障害者数に大きな乖離がある一方で，2回の国勢調査および2002年NSSの障害者数（男女計）が総人口に占める比率は順に2.1％，2.2％，1.8％と，いずれも2％程度である。インドの障害関係諸団体はインドの障害者の人口比率を最低でも6％と主張し（森 2011, 7），また国際機関の認識も5〜8％程度（World Bank 2009）であることから，捕捉が過小である可能性が大きい。いずれにしても，インドの障害者に関する全体像の把握に，悉皆・大規模調査であっても複数の調査に依拠する場合は注意が必要である[3]。

政府統計にも問題なしとはいえないが，本章ではインド障害女性の貧困の考察に2011年国勢調査を用いる。それは2011年国勢調査が，全体像および現状の把握をめざすのに重要となる悉皆調査でかつ直近のものであること[4]，また，前回の2001年国勢調査における質問から改良され，障害について3つの問いを用いてより正確な捕捉への配慮がなされているからである。3つの設問とは，①障害があるか，②障害がある場合は障害の種類は何か（選択肢回答），そして，③重複障害者の場合は最大3つまで障害の種類を選択肢で尋ねるものである。障害種の回答選択肢は表3-1にもあるように，視覚，聴覚，言語，移動性障害（肢体不自由），知的障害，精神障害，その他，および重複障害，の8つである[5]。

表3-1から障害者の女性比率を算出すると44.1％となる。2011年の人口に占める女性の比率は48.5％であるが，これから女性は男性よりも障害をもたない傾向にあると考えるのは早計だろう。たとえば世界保健機関（WHO）の世界健康調査（WHS）を用いた分析は，対象の途上国15カ国いずれも女性障害者の比率がこれより高くなっており（Mitra, Posarac, and Vick 2011），むしろ国勢調査でも障害女性が正確に捕捉できていない可能性を改めて示唆する。なお，2011年国勢調査から障害種別に女性比をみると，視覚障害47.6％，聴覚障害47.2％，言語障害43.8％，移動性障害38.0％，知的障害42.2％，精神障害42.5％，その他障害44.6％，そして重複障害45.1％となっている。女性は視覚障害者および聴覚障害者が相対的に多い一方，移動性障害女性比の低さ

第3章 インドの障害女性と貧困

表3-1 インドの障害者人口

	2011年国勢調査					2001年国勢調査			2002年 NSS		
	計	男性	(%)	女性	(%)	計	男性	女性	計	男性	女性
視覚障害	5,033,431	2,639,028	(17.6)	2,394,403	(20.2)	10,634,881	5,732,338	4,902,543	2,826,700	1,298,000	1,528,700
聴覚障害	5,072,914	2,678,584	(17.9)	2,394,330	(20.2)	1,261,722	673,797	587,925	3,061,700	1,613,300	1,448,400
言語障害	1,998,692	1,122,987	(7.5)	875,705	(7.4)	1,640,868	942,095	698,773	2,154,500	1,291,100	863,400
移動性障害	5,436,826	3,370,501	(22.5)	2,066,325	(17.5)	6,105,477	3,902,752	2,202,725	10,634,000	6,633,900	4,000,100
知的障害	1,505,964	870,898	(5.8)	635,066	(5.4)	2,263,821	1,354,653	909,168	994,600	625,800	368,900
精神障害	722,880	415,758	(2.8)	307,122	(2.6)	—	—	—	1,101,000	664,500	436,500
その他	4,927,589	2,728,125	(18.2)	2,199,464	(18.6)	—	—	—	—	—	—
重複障害	2,116,698	1,162,712	(7.8)	953,986	(8.1)	—	—	—	—	—	—
全体	26,814,994	14,988,593	(100.0)	11,826,401	(100.0)	21,906,769	12,605,635	9,301,134	18,491,000	10,891,300	7,599,700

(出所) 国勢調査はインド国勢調査サイト (http://www.censusindia.gov.in/、2015年9月7日アクセス)、全国標本調査 (NSS) は GoI (2003) より筆者作成。

(注) 1) 2011年国勢調査のカッコ内の比率は性別障害者数に占める各障害種の比率。
2) 2002年 NSS は標本調査のため端数が処理されている。また視覚障害には弱視を含む。
3) 2001年国勢調査は精神障害と知的障害を合わせて精神障害としている。

表3-2 州別障害者人口,障害者比率,および障害女性比率(2011年)

	障害者人口	障害男性(%)	障害女性(%)	障害女性比(%)
ジャンムー&カシミール	361,153	204,834 (3.1)	156,319 (2.6)	43.3
ヒマーチャル・プラデーシュ	155,316	86,321 (2.5)	68,995 (2.0)	44.4
パンジャーブ	654,063	379,551 (2.6)	274,512 (2.1)	42.0
チャンディガル	14,796	8,743 (1.5)	6,053 (1.3)	40.9
ウッタラカンド	185,272	102,787 (2.0)	82,485 (1.7)	44.5
ハリヤーナー	546,374	315,533 (2.3)	230,841 (1.9)	42.2
デリー	234,882	138,379 (1.5)	96,503 (1.2)	41.1
ラージャスターン	1,563,694	848,287 (2.4)	715,407 (2.2)	45.8
ウッタル・プラデーシュ	4,157,514	2,364,171 (2.3)	1,793,343 (1.9)	43.1
ビハール	2,331,009	1,343,100 (2.5)	987,909 (2.0)	42.4
シッキム	18,187	9,779 (3.0)	8,408 (2.9)	46.2
アルナーチャル・プラデーシュ	26,734	14,245 (2.0)	12,489 (1.9)	46.7
ナガランド	29,631	16,148 (1.6)	13,483 (1.4)	45.5
マニプル	58,547	31,174 (2.4)	27,373 (2.1)	46.8
ミゾラム	15,160	8,198 (1.5)	6,962 (1.3)	45.9
トリプラ	64,346	35,482 (1.9)	28,864 (1.6)	44.9
メガラヤ	44,317	23,326 (1.6)	20,991 (1.4)	47.4
アッサム	480,065	257,385 (1.6)	222,680 (1.5)	46.4
西ベンガル	2,017,406	1,127,181 (2.4)	890,225 (2.0)	44.1
ジャールカンド	769,980	426,876 (2.5)	343,104 (2.1)	44.6
オディシャ	1,244,402	674,775 (3.2)	569,627 (2.7)	45.8
チャッティースガル	624,937	334,093 (2.6)	290,844 (2.3)	46.5
マッディヤ・プラデーシュ	1,551,931	888,751 (2.4)	663,180 (1.9)	42.7
グジャラート	1,092,302	612,804 (1.9)	479,498 (1.7)	43.9
ダマン&ディウ	2,196	1,300 (0.9)	896 (1.0)	40.8
ダドラ&ナガルハヴェリ	3,294	1,893 (1.0)	1,401 (0.9)	42.5
マハーラーシュトラ	2,963,392	1,692,285 (2.9)	1,271,107 (2.3)	42.9
アーンドラ・プラデーシュ	2,266,607	1,224,459 (2.9)	1,042,148 (2.5)	46.0
カルナータカ	1,324,205	726,521 (2.3)	597,684 (2.0)	45.1
ゴア	33,012	17,016 (2.3)	15,996 (2.2)	48.5
ラクシャドウィープ	1,615	838 (2.5)	777 (2.5)	48.1
ケーララ	761,843	394,706 (2.5)	367,137 (2.1)	48.2
タミル・ナードゥ	1,179,963	657,418 (1.8)	522,545 (1.5)	44.3
プディチェリ	30,189	16,373 (2.7)	13,816 (2.2)	45.8
アンダマン&ニコバル	6,660	3,861 (1.9)	2,799 (1.6)	42.0
合計	26,814,994	14,988,593 (2.4)	11,826,401 (2.0)	44.1

(出所) 障害者数はインド国勢調査サイトより (http://www.censusindia.gov.in/, 2015年9月7日アクセス),また障害者比率はGOI (2013) の州別人口 (p.6, p.8) を用いて筆者算出。
(注) 1) 障害男性/女性のカッコ内の比率は性別州人口に占める障害者の比率。
2) アーンドラ・プラデーシュ州の障害男性人口の誤記を修正して記載。

が目に付く。

　表3-2は2011年の州別障害者人口をまとめている。障害男性は男性人口の2.4％，障害女性は女性人口の2.0％を占める（男女計では2.2％）。州別では障害者比率が1％に満たない州から3％を上回る州まであり，また障害者の女性比率は40％強～49％未満となっている。本表からみることができるのは，インドでは障害者の地理的分布が一様でない点である。ちなみに，14の州では2001年国勢調査よりも2011年は障害者数が少なくなっており，とりわけタミル・ナードゥ州では，障害女性が35万人以上も少ない（太田 2016）。

2．2011年国勢調査による検討について

　本章がインドの障害女性の考察に2011年国勢調査を用いる最大の理由は，前項でふれたように国勢調査が直近かつ悉皆調査であるからである。とくに障害者に関する統計が乏しいなか，実施から6年が経過しているとはいってもインドの現状理解には国勢調査に勝るものはない。他方，国勢調査では，検討できる事項が限定される。ここまでに何度かふれたように，障害者が国勢調査で十分に捕捉できていない可能性も否定できない。

　また，実のところインドの国勢調査はジャワハルラール・ネルー大学（JNU，デリー所在）に設置されたセンサス・データ・センター（CDC）において，実質的に1％標本[6]の個票データが公開されているが，本章執筆時には利用することができなかった[7]。他方，国勢調査を司るインド政府の登録本庁（Office of Registrar General）の情報公開部（Data Dissemination Unit）では，希望する質問項目に関する「クロス集計」を有料で依頼可能な「コンサルテーション」を提供しているものの，2011年の国勢調査についてはデータの整理にまだ時間がかかるとのことだった（2016年11月8日現在）。

　したがって2017年1月20日現在で，国勢調査を用いた分析は国勢調査公式ホームページで公表されている集計データを利用するものによらざるを得ない状況である。障害に関しては基本集計のほか，表番号でC20～C30の11表

分類が割り当てられているが，C25〜C28の4表は未公開で，7表のみ利用可能である[8]。

　一方，前項でふれた2002年NSS障害者調査は個票データが公開されているが，本章がその2002年NSSを用いないのは次の理由による。第1に，本NSSの実施は2002年と，今から15年も前である。第2に，前項でみたように国勢調査とは障害者の捕捉，したがって障害者数の趨勢に違いがあり，障害者に関する新しいNSSの実施が見送られているほど，2002年障害者調査の捕捉には疑義がある（注(4)参照）。とくに正確な捕捉を試みるべく質問を改良した2011年国勢調査と比較すると，相対的に信頼度に欠けていたと考えざるを得ない。第3に，2002年NSS障害者調査の個票データを用い，すでに障害者・障害女性の雇用（Mitra and Sambamoorthi 2006a）および家計支出（Menon, Parish, and Rose 2011; 2014）に関する分析がなされている。しかし第4に，本NSS調査は障害者に関してのみ対象としているため，国勢調査とちがって非障害者との比較が同じデータソースではできない。そして第5に，2011年国勢調査を用いた分析はほとんど確認できない。これは，国勢調査が障害者に特化した調査ではないことと関連するが，集計データであっても詳細にみていくと明らかにできる事項は少なくない。以上が本章で国勢調査を用いる理由である。

第2節　先行研究が示すインドの障害女性

　前節でふれたように，2002年NSS障害者調査を用いた障害者・障害女性の雇用状況および家計支出に関する分析はすでに行われている。本節では第1項でその結果をまとめ，第2項でほかの研究から，インドの障害女性の経済社会状況を確認する。

1．2002年 NSS 障害者調査が明らかにした障害女性

インド障害者の就労状況については Mitra and Sambamoorthi（2006a）が検討しているが，分析に入る前段階として，1999～2000年に実施した NSS 雇用・失業調査（以下1999/2000年 NSS）との比較で，インド全人口と比較した障害者の就労特性を確認している。それによると，2002年 NSS での15～64歳の障害者の就労率は37.6％で，障害男性の就労率は都市部で48.6％，郡部で51.7％，また障害女性の就労率は都市部で13.6％，郡部で16.8％となっている。一方，1999/2000年 NSS での15～64歳の就労率はインド全体で62.5％，男性の就労率は83.9％，同女性は40.4％，また都市部（男女計）では50.4％，郡部では67.0％であった。障害者は非障害者に比較して，また障害男性に比較して障害女性は就労率が著しく低いことがわかる。

障害者の就労に関する決定要因のプロビット分析では障害者全体，都市部障害男性，都市部障害女性，郡部障害男性，郡部障害女性に分けて検討している。障害女性の就労に関する特性として見いだされたのは，次の諸点である。第1に，障害女性は障害男性に比較して就労していない。第2に，障害者は既婚だと就労する確率が高いが，それは障害男性に関してで，障害女性については，都市部だと郡部とは反対に既婚者は就労しない確率が高くなる。第3に，障害者は世帯規模が大きくなると就労していない確率が高くなるが，それは障害女性にのみ顕著である。第4に，障害者が社会・経済的弱者の相対的に多い指定カースト（SC）・指定部族（ST）およびその他後進諸階級（OBC）であると就労している確率が高いが，それは郡部の障害女性に顕著である。なお，男女計の全障害者については，都市部よりも郡部での方が就労している確率は有意に高い。第5に，障害女性は年齢が上がるほど就労している。これは障害男性と同じである（ただし両者とも年齢の二乗の符号は負）。第6に，大学院以上の学歴をもつ都市部の障害者については，障害男性と同じく障害女性の就労確率が高まる。第7に，障害が出生時からのものだと障

害者は就労しているが,都市部の障害女性についてはその有意な関係性は見いだせない。第8に,政府の支援を受ける障害者は就労していない可能性が高いが,それは郡部の障害男性にのみ観察されることで,都市部・郡部別にみた障害女性についてはその効果は確認されない。

またMenon, Parish, and Rose (2014) は世帯を単位とした1人当たりの月平均支出額を被説明変数に,他の統計ソースによる別指標を説明変数として加えて,障害者のいる世帯の経済状況の決定要因を検討している。それによると,障害者のいる世帯は障害者のいない世帯よりも有意に1人当たり月平均支出額が低く,支出額低下の影響の最も大きいのが成人障害男性のいる世帯であることを見いだした。成人障害女性のいる世帯については,障害者のいない世帯よりも支出額は有意に低いものの,成人障害男性のいる世帯よりも支出額の低下は観察されない。著者らはこの結果を興味深いとしつつ,2002年NSSが障害女性を十分に捕捉できていない可能性も指摘している。ちなみに1人当たり月平均支出額は,成人障害女性のいる世帯が名目799.2ルピーであるのに対し,成人障害男性の世帯は同746.7ルピー,また障害者のいない世帯は同1079.4ルピーであった[9]。

同じ著者らはMenon, Parish, and Rose (2011) で,障害者の婚姻等の社会状況を分析している。それによると,障害者のいる世帯はいない世帯より婚姻率が4.2%低く,1人当たりの月平均支出額が19%ほど低く,また教育水準が5%ほど低い。障害者が男性だけの世帯と比較すると,障害者が女性のみの世帯は婚姻率が1.6%低く,中等教育修了比率が1.7%低く,また政府支援を受ける比率も0.3%低くなっている。他方で,障害によって職を失った比率については3.8%高く,非識字者の比率については1.6%高くなっている。

2. そのほかの研究について

2002年NSSを用いた上記3研究は,説明変数に性別を加えているものの,とくに障害女性に焦点を当てたものではない。数少ないインド障害者に関す

る実証分析として，インドのタミル・ナードゥ州およびウッタル・プラデーシュ（UP）州の郡部で実施された標本調査（World Bank 2009）を用いた賃金と雇用に関する研究 Mitra and Sambamoorthi（2008; 2009）では，女性標本規模が小さいため，障害男性と非障害男性の比較しか行われていない[10]。障害女性に焦点を当てた計量的研究はさらに少ないなかで，Nayak（2013）はオディシャ州の障害女性の社会経済状況を有効標本規模1000件弱の調査から明らかにしようとするが，分析手法の面で残念ながら質の高い研究ではない。それでも障害女性の社会経済的困難の一端は示しているといえる。

タミル・ナードゥ州郡部の３つの村での調査から郡部の障害者の経済社会状況を明らかにする Erb and Harriss-White（2002）は，障害女性がジェンダーの規範から障害男性よりも重度の負担，すなわち賃金労働と家庭内労働の両者を担うことを期待され，また実際にとくに後者を担わされていることを明らかにした。障害者に関する性別役割分業は，対象郡部障害者・障害女性に関しては筆者らが考えた以上に堅固であったという。

統計分析ではないが，事例研究としては規模が小さくない45人の障害女性への聞きとりから，ハリヤーナー州の郡部障害女性を分析対象とする Mehrotra（2004）は，障害女性が不利な立場にあるのは，障害者であることより女性であることが要因として大きいと指摘する。そして Erb and Harriss-White（2002）と同じく，障害女性は非障害女性と同様に，家庭内における家事に関する女性の役割を担うことが期待されていることを見いだしている。障害女性に対するバイアスも家庭から始まっている一方で，障害女性への最大のサポートも家庭であるという。ただしその家庭が，生まれ育った場所か嫁ぎ先かで障害女性への対応が異なり，後者では障害女性の立場は厳しい。

障害女性に期待されるこの家庭内の役割は，西ベンガル州郡部の事例研究 Ghosh（2013）も指摘する。もちろん家庭環境に依存するが，Ghosh（2013）は，障害女児（幼少期の障害女性）は障害があることで特別な扱いを受けるなど，家庭内で家族・親族に守られ，また大切にされ，時に過保護な扱いを受けることを明らかにしている。家庭内の社会文化的差異は幼少期から始

まり，成長期を通じて身体的な差異を自覚し，成人期以降，障害女性は非障害女性とは確実にちがう人生を，しかし同時に女性はこうあるべきという幼少期から接する「インドの女性」という規範，ステレオタイプな生き方を実践しようとするという。またデリーの障害女性の事例研究である Addlakha (2013) は，障害女性が家事を非障害女性と同じようにこなすことに熱心である姿を，また結婚願望についても非障害女性と何ら変わりがないことを描いている。インドの障害女性はこのように，障害者であるから非障害者とはちがい，しかし他方では同時に，女性であることは同じという，障害という差異とジェンダーに関する同一のインドの社会規範を生きる。

インドで障害女性の状況を量的に把握しようとする研究が乏しいなかで，とくに障害女性に期待される家庭内の役割についてはおそらく，本項でみたような事例研究もしくは調査票を自らデザインした研究の方が明らかにしやすいと思われる。ここでは重要と考えられる次の2点を指摘する。第1に，障害の社会モデルというとき，私たちはその医療モデルの思考的限界を克服する，規範として障害者支援のベクトル，ポジティブな側面を思い浮かべがちかもしれないが，インドでは，そしてジェンダーの視点からも，ネガティブな面をもつ社会モデルのなかに障害女性がそもそも位置づけられていることである。この点は，本章が第4節以降で探索的に検討する障害女性に関するインドの障害の社会モデルの様態に関連する。いずれにせよ，個人に対する個別差別の集積としての社会における差別・不平等と，社会にそもそも規範として存在する差別・不平等は同じではないことを意識したい。

第2に，事例研究や標本調査を用いた研究では，インドとしての全体像の把握がやはり困難である。事例研究の意義を本章も十分に認め，そのうえで国勢調査が示す基本的な障害女性の社会経済状況の把握を第3節以下でめざす。

第3節　国勢調査が明らかにする障害女性

「はじめに」で述べたように，本章の第1目的は2011年国勢調査という政府公刊の集計データがもたらす情報を細かくみることで，障害女性の社会経済状況を把握することである。本節ではその作業を行う。障害女性の基本的特性を明らかにするこうした統計作業でさえもインドについてはこれまでなされておらず，その意義は決して小さくない。分析の視点として，居住地の都市部・郡部別（およびインド全国），そして男女別の違いに注意を払う。前節まででみた NSS データを用いた諸研究は州ごとに違いがあることを示しているが，本章では煩雑になることを避けるため州ごとの分析を行わず，インド全体像の把握に努める。また第2節1項でみた研究への言及は，NSSから推定される標本母集団の統計値と国勢調査の数値の乖離が大きいことから（注(3)，(4)参照）最小限にとどめている。

1．障害女性の基本特性

総人口に占める障害者の比率は男女計で2.2％であったが，年齢層別では，層が上がるほど人口に占める障害者比率が高くなる（図3-1）。また障害女性が女性人口に占める比率はその男性に関する比率よりも低いが（女性2.0％に対して男性2.4％），60歳以上の障害者比の伸びは女性の方が大きい，つまり女性は高齢になるほど障害をもつ相対的比率が男性よりも高くなる[11]。

都市部・郡部という居住地別では，都市部の障害者比率は2.17％，同障害男性2.34％，同女性1.98％に対して，郡部は順に2.24％，2.43％，2.03％である。すでにみたように男性，また郡部の方が都市部よりも障害者比率が高いなかで，障害女性については郡部，高齢層でその比率が高まる（図3-1）。

障害種別，年齢層別でみると，大きく以下の趨勢が観察される。第1に，全体では年齢層が高いほど障害者比率は高いが，言語障害者および知的障害

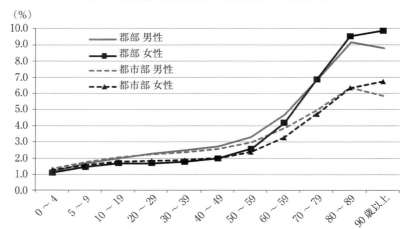

図3-1 男女別，居住地別，年齢層別の障害者比率

（出所） 2011年国勢調査より筆者作成（元表の出所詳細は本文注(11)参照）。
（注） 各年齢層の比率は，その年齢層の男女別・居住地別の人口で各障害者人口を除して算出。

者は低年齢層の方が比率が高い。第2に，他国でも一般にみられる傾向と同じく，精神障害者は20～50歳代で比率が高くなる。第3に，男女間で趨勢に違いが観察されるのは聴覚障害者についてで，聴覚障害男性は20歳未満および70歳代以上の障害者比率が相対的に高い一方，女性については20歳未満の低年齢層でのみ比率が高い。つまり，高齢障害女性は若年層よりも，聴覚以外の他の障害をもつ場合が（相対的に）多いことを示している。

居住地別では郡部の方が障害者比率が高いが，それがとくに示されるのは移動性障害者および重複障害者についてである。これに対して聴覚障害者と言語障害者（およびその他の障害者）の比率は都市部での方が高い。他方，視覚障害者については40歳代まで都市部の比率の方が郡部よりも高くなる。

国勢調査の捕捉に問題がある可能性は否定できないが，それでも，2002年NSS障害者データでも示されたように年齢層が高いほど障害者比が高くなること（Mitra and Sambamoorthi 2006a），統計では障害女性について高齢者で男性よりも相対的に顕著になること，障害種ごとの年齢層の趨勢が男女で同

一ではないこと、また都市部・郡部という居住地別でも年齢層別の障害種趨勢が異なること、といった諸点を本項から確認できよう。

2．障害女性の教育水準，婚姻，住居[12]

障害女性を中心に，障害者の識字率および教育水準をまとめたのが表3-3である。まず2011年のインドの識字率は63.1％であったのに対し，障害者の識字率は54.5％と8％ポイント以上下回る。都市部よりも郡部で識字率が低いのは全体の趨勢と同じだが，障害者の方が居住地間での識字率の格差が若干大きい（障害者の識字率は都市部67.3％，郡部48.9％）。また女性の識字率は男性より低いが，障害者については，障害女性と障害男性の識字率に人口全体以上の格差がある（障害女性44.6％，障害男性62.4％）。障害女性については，都市部で識字率が60.9％である一方，郡部で37.4％と極めて低い。

中等教育修了者の趨勢もおおむね上記と同じである。すなわち中等教育修了者比率は，人口全体よりも障害者の方が低く，女性は男性よりも低く，郡部では都市部よりも低い。障害者については，女性は男性よりも中等教育修了比率が低く，郡部の障害女性は都市部よりも低い。郡部の障害女性で中等教育を修了しているのはわずか13.7％である。また，以下の数値は年齢を考慮しておらず修了年齢未達の児童も含まれる点に留意すべきだが，義務教育＝初等教育修了者については，インド全体で47.8％，性別では男性53.5％，女性41.4％であるのに対し，障害者全体では39.9％，障害男性46.6％，障害女性31.4％となっている。つまり障害者の6割，障害女性については7割近くが義務教育を終えていない。

障害女性の障害種別の識字率については，障害女性全体を下回るのは視覚障害女性，知的障害女性，精神障害女性，そして重複障害女性である。これらの障害をもつ女性は中等教育修了者比率も低い。この趨勢はおおむね障害男性と同じである。

つぎに，婚姻の状況として未婚率をまとめたのが図3-2である。全年齢を

表3-3 障害者および全人口の識字率と教育水準

(単位:%)

所在	教育水準	全人口 男女計	全人口 男性	全人口 女性	全障害者 男女計	全障害者 男性	全障害者 女性	障害女性 視覚	障害女性 聴覚	障害女性 言語	障害女性 移動性	障害女性 知的障害	障害女性 精神障害	障害女性 その他	障害女性 重複
全国	非識字	36.9	30.2	44.0	45.5	37.6	55.4	57.8	52.5	47.6	54.2	64.1	61.2	48.3	75.5
	識字	63.1	69.8	56.0	54.5	62.4	44.6	42.2	47.5	52.4	45.8	35.9	38.8	51.7	24.5
	中等教育修了者	32.6	37.9	26.9	26.6	31.9	19.9	18.6	21.9	23.5	22.3	11.2	15.3	24.2	7.3
郡部	非識字	42.1	34.2	50.4	51.1	42.1	62.6	66.2	61.0	55.9	59.8	67.3	66.0	55.2	79.9
	識字	57.9	65.8	49.6	48.9	57.9	37.4	33.8	39.0	44.1	40.2	32.7	34.0	44.8	20.1
	中等教育修了者	26.1	31.9	20.1	20.8	26.3	13.7	11.6	14.3	15.2	17.7	7.9	11.6	17.3	4.8
都市部	非識字	25.5	21.5	29.8	32.7	27.6	39.1	38.0	35.2	32.2	38.1	57.1	50.4	34.5	62.0
	識字	74.5	78.5	70.2	67.3	72.4	60.9	62.0	64.8	67.8	61.9	42.9	49.6	65.5	38.0
	中等教育修了者	46.8	51.0	42.3	40.0	44.6	34.1	35.2	37.6	38.9	35.7	18.3	23.4	38.0	15.3

(出所) 図3-1に同じ。
(注) 「識字」には教育を受けていなくても読み書きのできる人、および教育水準が不明の人を含む。「中等教育修了者」は中等教育以上の修了者も含む。

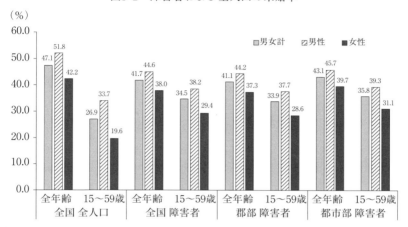

図3-2 障害者および全人口の未婚率

（出所） 2011年国勢調査より筆者作成。
（注） 元表の出所詳細は本文注参照。

対象とすると障害者は非障害者よりも未婚率が低くなるが，年齢を15歳以上に限ると，障害者の未婚率の方が非障害者よりも高くなる。また非障害者と同じく，障害女性は障害男性よりも未婚率が低い。女性については，非障害者を含む15〜59歳の女性と同障害女性の未婚率の差は男性間の差より大きい。希望する相手と結婚しているか国勢調査では明らかにできないが，社会的な規範として婚姻はするものならば，この格差の違いより，障害女性は障害男性よりも障害のハンディを負っているということであろう。

15〜59歳の障害者の婚姻状況を居住地別にみると，都市部の方が郡部よりも未婚率が高い。同じく15〜59歳の障害種別では，障害女性の未婚率が最も低いのが聴覚障害者，次いで視覚障害女性がほぼ同じ水準となっている。他方，未婚率が最も高いのは知的障害女性で，重複障害女性が続く[13]。

婚姻状況に男性と女性で顕著な違いが表れるのが，60歳以上の「死別」である。非障害者を含む人口全体では60歳以上の31.5％，女性については47.8％が配偶者と死別しているが，60歳以上の障害女性についての死別の割合は58.2％と6割近くを占める。重複障害女性については68.4％と，女性全

体から20％ポイント以上高い。家族・配偶者のサポートという面では、高齢障害女性が直面する状況の厳しさがうかがわれる[14]。

本項の最後に障害者の貧困状況に関する指標のひとつとして、住居なし（houseless）の世帯・人口の比率をみる。インド全体の住居なしの世帯比率は0.180％、住居なしの人口比率は0.146％、また同男性比率は0.168％、同女性比率は0.124％であるのに対し、障害者については順に0.242％、0.255％、0.295％、0.205％となっている。障害者の方が非障害者よりも住居なしの比率が高く、住居の有無を指標とすると、障害者は非障害者よりも貧困状況にある人たちが多い。また、住居なしの比率は郡部よりも都市部の方が高く、女性よりも男性の方が高い。障害女性については郡部で0.129％、都市部で0.379％が住居なしである。郡部の女性全体の住居なしの比率は0.096％であるものの、インドの女性全体では住居なしの比率は、先にみたように0.124％である。この全体と比較すれば、郡部では精神障害を除いて、相対的に障害女性は住む場所の確保ができているといえる[15]。

3．障害女性の就労[16]

(1) 就労・非就労、就労期間

障害者の就労期間を全人口との比較でまとめたのが表3-4である。まず、全体の非就労者（男女計）が60.2％（したがって就労者は39.8％）であるのに対し、非就労障害者は63.7％（同36.3％）と、障害者の方が非就労率が若干高い。14歳以下の児童労働を除くと、全体の非就労者の比率は15～59歳が41.5％、60歳以上が58.4％であるのに対し、障害者は順に49.5％、71.7％と、障害者と非障害者の差が大きくなる。障害者の児童労働が懸念される一方、高齢障害者ほど非障害者に比べて就労しなくなることがわかる。

女性と障害女性の比較でもこれと同様の趨勢にある。国勢調査の行われた時点での過去1年の就労期間について、非就労、就労3カ月未満、就労3～6カ月未満、そして就労6カ月以上の各比率をみると[17]、たとえば15～59歳

表3-4 障害者および全人口の就労期間

(単位:％)

			就労 6カ月以上			就労 3～6カ月未満			就労 3カ月未満			非就労者		
			男女計	男性	女性	男女計	男性	女性	男女計	男性	女性	男女計	男性	女性
全国	障害者	計	26.0	36.5	12.8	8.1	8.5	7.6	2.2	2.2	2.2	63.7	52.8	77.4
		0～14歳	1.8	2.0	1.6	1.8	1.7	1.8	0.5	0.5	0.5	95.9	95.8	96.1
		15～59歳	36.9	50.0	18.9	10.9	11.1	10.7	2.7	2.6	2.8	49.5	36.4	67.7
		60歳以上	19.3	30.1	8.2	6.4	7.6	5.3	2.6	2.8	2.3	71.7	59.5	84.1
	全人口	計	29.9	43.8	15.2	8.0	7.8	8.2	1.8	1.6	2.1	60.2	46.7	74.5
		5～14歳	1.7	2.0	1.4	1.5	1.5	1.5	0.7	0.7	0.8	96.1	95.9	96.4
		15～59歳	44.4	65.1	22.6	11.6	11.2	12.0	2.5	2.1	2.8	41.5	21.6	62.6
		60歳以上	31.4	49.4	14.0	7.9	8.7	7.1	2.3	2.3	2.3	58.4	39.6	76.6
郡部	障害者	計	25.3	34.6	13.5	9.5	9.9	9.1	2.8	2.7	2.8	62.4	52.8	74.6
		0～14歳	1.7	1.9	1.5	1.7	1.7	1.8	0.7	0.6	0.7	95.9	95.8	96.0
		15～59歳	36.4	47.7	20.5	13.4	13.3	13.5	3.5	3.3	3.7	46.8	35.8	62.2
		60歳以上	19.9	30.9	8.8	7.4	8.6	6.1	3.1	3.4	2.8	69.6	57.1	82.2
	全人口	計	29.5	41.6	16.7	10.0	9.4	10.6	2.4	2.2	2.7	58.2	47.0	70.0
		5～14歳	1.7	2.0	1.5	1.6	1.5	1.6	1.0	0.9	1.0	95.7	95.6	95.9
		15～59歳	44.8	63.2	25.5	15.0	13.9	16.1	3.3	2.7	3.8	37.0	20.2	54.6
		60歳以上	34.3	53.0	16.3	9.8	10.6	9.1	2.9	2.9	3.0	52.9	33.6	71.6
都市部	障害者	計	27.8	40.7	11.4	4.8	5.4	4.1	0.9	1.0	0.7	66.5	52.8	83.9
		0～14歳	2.0	2.3	1.6	1.9	1.9	1.9	0.1	0.2	0.1	96.0	95.7	96.4
		15～59歳	38.0	54.5	15.8	6.0	6.7	5.1	1.1	1.3	0.9	54.9	37.6	78.2
		60歳以上	17.3	27.7	6.4	3.5	4.3	2.6	0.9	1.1	0.7	78.3	66.9	90.4
	全人口	計	30.9	48.7	11.9	3.7	4.4	3.0	0.6	0.7	0.5	64.7	46.2	84.6
		5～14歳	1.6	2.0	1.1	1.2	1.3	1.2	0.1	0.1	0.1	97.1	96.6	97.6
		15～59歳	43.8	68.9	16.7	4.9	5.8	3.9	0.9	1.0	0.7	50.5	24.3	78.6
		60歳以上	24.4	41.0	8.3	3.3	4.2	2.4	0.7	0.9	0.6	71.5	53.9	88.7

(出所) 図3-1に同じ。
(注) 年齢のくくりが障害者の「0～14歳」に対して全人口は「5～14歳」と異なる点に注意。

の障害女性については順に67.7％, 2.8％, 10.7％, 18.9％である。就労期間が長くなるほど障害女性の比率は女性全体よりも低下し，また60歳以上ではその低下も相対的に大きくなる。障害女性は非障害者よりも就労せず，就労するとしても就労期間が非障害者より短くなりがちであることがわかる。障害女性が就労を希望しても，非障害者より就労が難しい可能性が示唆される。

居住地別では，非障害者と同じく障害者の就労率は，郡部の方が都市部よりも高い。郡部での方が就労機会は多いことがその理由と考えられるが，郡部と都市部での就労状況の違いとして，都市部では障害女性および非障害女性の就労率の違いはあまり大きくない。障害男性との比較では，障害女性とは異なり障害男性は郡部よりも都市部で就労率が高く，就労期間も都市部の方が長くなる。都市部での雇用は，障害者であることよりも女性であることの方が就労期間に影響を及ぼしている[18]。

また，障害種別で障害女性の非就労率をみると，15〜59歳については，視覚障害65.2％，聴覚障害62.7％，言語障害64.1％，移動性障害70.5％，知的障害81.6％，精神障害83.6％，その他障害62.2％，そして重複障害が81.1％である。NSSを用いたMitra and Sambamoorthi（2006a）でも精神障害者と知的障害者の就労確率が低かったが，2011年国勢調査からも知的障害，精神障害，そしてNSSが捕捉していない重複障害をもつ女性の就労が他の障害女性に比べて進んでいないことがわかる。

(2) 経済活動の分類

つぎに就労する障害者の経済活動分類を，耕作者（自作農），農業労働者，家内工業，その他，というくくりでみる。その他には障害者に対する留保枠のある，所得水準が相対的に高く雇用保障もある公務員[19]から，日雇労働者や露天商まで含まれるため，その所得水準について一概に断定することはできないし，耕作者や家内工業についても難しい。しかし農業労働者は，一般に経済的な地位が低いと考えることができる。農業はもちろん都市部でも営まれているが，郡部での主要活動であるので，郡部では農業労働者と耕作者の比率が当然高くなる[20]。

男女計の全就労者でみると，就労者のうち耕作者は24.7％，農業労働者は30.0％，家内工業は3.8％，その他が41.6％となっている（端数処理をした数値）。これに対して障害者は耕作者23.3％（男性24.3％，女性20.9％），農業労働者30.6％（同27.1％，39.8％），家内工業4.5％（同3.6％，6.6％），その他41.6％（同

表3-5　就労障害女性の経済活動分類

(単位：%)

		耕作者	農業労働者	家内工業	その他	計
郡部	**就労障害女性**	**25.7**	**48.7**	**6.0**	**19.7**	**100.0**
	視覚障害	26.5	50.1	5.5	17.8	100.0
	聴覚障害	25.6	48.6	6.8	19.0	100.0
	言語障害	28.9	49.0	5.3	16.8	100.0
	移動性障害	24.3	45.4	5.4	24.9	100.0
	知的障害	26.1	52.1	5.3	16.5	100.0
	精神障害	26.3	49.9	5.9	17.9	100.0
	その他	24.4	49.2	6.3	20.1	100.0
	複合障害	27.5	47.8	6.0	18.7	100.0
	全女性就労者	28.9	48.5	5.0	17.7	100.0
都市部	**就労障害女性**	**3.5**	**7.8**	**9.0**	**79.7**	**100.0**
	視覚障害	4.8	7.4	8.4	79.4	100.0
	聴覚障害	3.5	7.7	9.5	79.4	100.0
	言語障害	2.7	7.2	7.9	82.2	100.0
	移動性障害	2.3	7.4	9.2	81.1	100.0
	知的障害	4.3	8.3	9.4	78.0	100.0
	精神障害	5.0	9.8	10.5	74.8	100.0
	その他	3.3	8.1	9.1	79.6	100.0
	複合障害	4.1	9.8	10.7	75.4	100.0
	全女性就労者	3.1	9.0	8.8	79.1	100.0

(出所)　図3-1に同じ。

45.0％，32.7％）である。障害種別では，知的障害者，精神障害者，重複障害者について，その他の活動での就労の比率が若干低い。経済活動を就労女性障害者に関してのみ，居住地ごとにみたのが表3-5である。

図3-3は指定カースト（SC）および指定部族（ST）の障害者の経済活動をみたものである。障害者全体に比べると，SCおよびST障害者の農業労働者の比率の高さ，SC障害者の耕作者の比率の低さ，またST障害者の耕作者の比率の高さが目に付く。それに対応してその他の比率が，とくにST障害者で低い。経済活動からは所得水準は断定できないが，SCおよびST障害者は障害者全体よりも，一般に低所得である可能性があることはうかがわれる。これは障害者であることとSC／STであることの複合的要因の帰結で

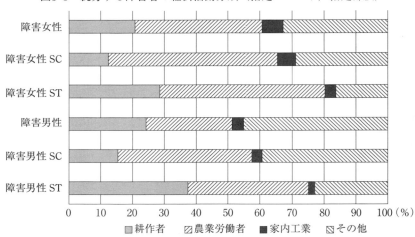

図3-3 就労する障害者の経済活動分類(指定カースト,指定部族)

(出所) 図3-1に同じ。
(注) SC:指定カースト,ST:指定部族。

あるが,同時に,女性であることよりも SC/ST であることの方が障害者の就労に影響を与える可能性も示唆される。障害者で,女性で,SC/ST であることは,その人たちをより不利な立場におく(太田 2016)。

(3) 非就労女性の活動・立場

先に表3-4でみたように,障害女性の77.4%,障害男性の52.8%が非就労者であった。その非就労者の活動・立場をまとめたのが表3-6である。まず障害者全体で最も多いのが(学生,家事従事者を除く)被扶養者で45.7%,次いで生徒／学生が27.2%,以下,家事従事者(Household Duties)15.3%,年金生活者5.5%,物乞い・浮浪者等0.4%,不労所得生活者0.2%,またその他が5.6%となっている。障害者を含む人口全体では,生徒／学生が最も多く41.9%,次いで被扶養者27.7%,家事従事者22.7%,年金生活者1.9%,不労所得生活者および物乞い・浮浪者等が0.1%,またその他が5.7%である。障害者は推測されるように被扶養者である人たちが最も多いのに対して,人口

表3-6 非就労障害者の地位

(単位：%)

			全障害者			視覚障害			聴覚障害			言語障害			移動性障害			知的障害			精神障害			その他障害			重複障害			全人口		
			男女計	男性	女性	女性	男性	男女差	女性	男性	男女差	女性	男性	男女差	女性	男性	男女差	女性	男性	男女差	女性	男性	男女差	女性	男性	男女差	女性	男性	男女差	男女計	男性	女性
全国	生徒／学生		27.2	33.3	21.9	21.3	16.1	17.5	25.3	17.5	28.8	18.7	15.1	8.8	21.5	5.6	7.8	2.7	30.2	16.4	12.2	5.4	41.9	56.3	32.3
	家事従事者		15.3	2.8	26.2	27.5	-24.7	29.8	-26.6	33.4	-29.6	25.1	-22.5	17.7	-15.0	22.1	-19.1	29.5	-26.6	12.6	-10.4	22.7	2.0	36.5
	被扶養者		45.7	50.0	42.1	40.6	5.1	36.5	5.5	29.8	8.3	46.3	6.7	53.5	7.9	60.0	12.3	32.2	7.3	64.3	3.2	27.7	32.5	24.5
	年金生活者		5.5	6.6	4.6	5.7	2.4	3.8	2.7	2.6	1.8	7.2	3.1	2.2	-0.2	2.9	-0.2	2.4	1.8	6.7	0.2	1.9	2.7	1.3
	不労所得生活者		0.2	0.3	0.2	0.2	0.1	0.2	0.1	0.1	0.1	0.2	0.2	0.1	0.1	0.2	0.1	0.1	0.1	0.7	0.1	0.1	0.1	0.1
	物乞い・浮浪者等		0.4	0.5	0.3	0.2	0.3	0.2	0.1	0.2	0.1	0.5	0.3	0.4	0.2	0.8	0.4	0.2	0.2	0.5	0.1	0.1	0.1	0.0
	その他		5.6	6.4	4.8	4.5	0.7	4.3	0.7	5.1	0.7	5.7	3.3	4.5	1.5	6.2	3.8	5.4	0.9	3.6	1.3	5.7	6.3	5.2
郡部	生徒／学生		26.9	32.7	21.6	20.2	14.7	25.1	16.6	30.5	17.7	15.7	9.1	22.7	5.9	8.2	3.0	31.4	15.5	11.5	5.3	42.9	55.9	33.7
	家事従事者		13.6	2.9	23.2	23.8	-20.9	27.1	-23.7	28.9	-25.4	22.3	-19.6	16.8	-13.9	21.3	-18.0	26.9	-24.0	11.0	-8.8	19.8	2.0	32.5
	被扶養者		47.9	51.5	44.7	44.4	4.4	38.9	5.5	32.6	7.3	48.2	5.4	52.9	7.1	60.2	11.8	33.5	7.1	65.9	2.7	30.4	34.8	27.2
	年金生活者		5.9	6.5	5.4	6.9	1.3	4.5	1.4	2.6	0.4	7.9	1.9	2.6	-0.4	3.3	-0.5	2.7	1.0	7.6	-0.4	1.5	1.8	1.3
	不労所得生活者		0.1	0.2	0.1	0.1	0.1	0.1	0.1	0.1	0.0	0.2	0.1	0.1	0.0	0.1	0.1	0.0	0.0	0.1	0.1	0.0	0.1	0.0
	物乞い・浮浪者等		0.4	0.5	0.3	0.3	0.3	0.2	0.2	0.2	0.1	0.5	0.2	0.5	0.1	0.8	0.4	0.2	0.1	0.5	0.1	0.0	0.1	0.0
	その他		5.2	5.8	4.7	4.4	0.2	4.2	0.2	5.1	0.2	5.4	2.9	4.4	1.1	6.2	3.2	5.3	0.3	3.4	1.0	5.3	5.3	5.2
都市部	生徒／学生		27.9	34.8	22.3	23.8	19.4	25.7	19.4	26.1	20.2	13.6	8.0	19.1	5.0	7.2	2.1	28.2	18.0	14.4	5.5	39.8	57.1	29.7
	家事従事者		19.1	2.7	32.2	35.3	-32.7	34.5	-31.6	40.3	-36.1	32.4	-30.1	19.7	-17.2	23.7	-21.2	33.8	-31.1	17.0	-14.9	28.5	2.0	44.1
	被扶養者		41.0	46.4	36.7	32.6	6.0	32.3	6.0	25.4	9.1	41.2	10.1	54.6	9.3	59.6	13.2	29.9	7.4	59.6	4.7	22.4	27.3	19.5
	年金生活者		4.8	7.1	3.0	3.2	4.9	2.7	5.1	2.6	4.4	5.2	6.3	1.3	0.3	9.6	0.5	2.0	3.2	4.0	2.0	2.6	4.7	1.3
	不労所得生活者		0.4	0.6	0.3	0.3	0.3	0.3	0.3	0.2	0.2	0.4	0.5	0.3	0.2	0.4	0.5	0.2	0.2	0.4	0.2	0.2	0.3	0.2
	物乞い・浮浪者等		0.5	0.7	0.3	0.2	0.4	0.1	0.4	0.1	0.2	0.8	0.7	0.2	0.1	0.8	0.3	0.3	0.2	0.5	0.2	0.1	0.1	0.0
	その他		6.3	7.8	5.1	4.6	1.7	4.4	1.8	5.2	2.0	6.4	4.5	4.8	2.2	6.3	4.8	5.6	2.1	4.1	2.2	6.4	8.5	5.2

(出所) 図3-1に同じ。
(注) 男女差はそれぞれの男性の比率から女性の比率を引いた％ポイント。マイナスは女性比率のほうが高いことを示す。

全体では生徒／学生が最も多い。家事従事者については，障害者の同比率は人口全体に比べて低い。また比率自体は低いが，障害者は人口全体よりも年金生活者，物乞い・浮浪者等，そして不労所得生活者の比率が高い，つまり相対的に多いことがわかる[21]。

　つぎに女性について，障害女性は被扶養者が最も多いのに対して，女性全体では家事従事者が最も多い。比較で特徴的なのは男女の違いで，障害女性は26.2％が家事従事者であるのに対して，障害男性は2.8％にすぎない。第2節2項でみた先行研究が指摘する障害女性が家庭内で果たす役割，性別役割分業は，国勢調査でも明確に確認できる。なお，物乞い・浮浪者等は障害男性の方が多く，障害男性で物乞い・浮浪者等である人たちは都市部で相対的に多い。郡部と都市部の障害女性に関する違いとして，郡部では障害女性全体に占める被扶養者の比率が都市部よりも高く，他方，都市部では家事従事者の比率が相対的に高い。年金生活者である障害女性も郡部で相対的に多くなる。

　障害種別に非就労障害女性の特性をみると，全体では42.1％と最も多かった被扶養者は，言語障害女性およびその他障害女性では3割程度であるのに対し，重複障害女性，精神障害女性，知的障害女性でその比率が高くなる。生徒／学生は移動性障害，重複障害，および精神障害をもつ女性のあいだで相対的に比率が低い。年金生活者は移動性障害女性と重複障害女性で相対的に多いのに対し，言語障害，知的障害，精神障害，およびその他の障害女性のあいだで相対的に低い。また，本表・表頭の「男女差」からみる男女の違いでは，年金生活者は障害者全体では障害男性の方が比率が高いが，知的障害者および精神障害者にかぎり障害女性で年金生活者の比率が高い。これはとくに郡部でみられ，また郡部では重複障害者についても女性の方が男性よりも年金生活者が相対的に多い。

　以上，国勢調査を用いてインドの障害女性の経済社会状況を確認した。次節ではもう少し踏み込んだ考察を試みる。

第4節　集計データを用いた因果関係の探索と障害女性に関するインドの「障害の社会モデル」

　視点としての障害の社会モデルが障害者をめぐる研究や実践に重要である一方で，第2節におけるおもに事例に基づく先行研究のサーベイを通じて，インドではネガティブな面をもつ社会モデルのなかに障害女性が位置づけられていることを指摘した。事例と同じく国勢調査もこの点を示唆するだろうか。本節では国勢調査の集計データから作成した指標を用い，障害女性と資産状況等に関して回帰分析による因果関係の探索を試みる。またそれによって，本章の第2の目的である障害女性に関するインドの障害の社会モデルの様態に迫る。

1．データによる制約と分析モデル

　インドの国勢調査は，人口等の動態に関する世帯調査票（「Household Schedule」）による調査と，その前（通常は世帯調査票調査の前年）に実施される世帯の確認および家計の資産保有状況等に関する住居リストおよび住宅調査票（Houselist and Housing Census Schedule, 2011年国勢調査では2010年4～9月に実施）による調査のふたつから構成される。障害の有無は前者で尋ねられるが，両調査は実施時期が異なること，また（個票）データの公開に当局が積極的とはいえないこともあり，現時点で両者のマッチング・データを作成することはできない。本章では同一の国勢調査におけるふたつの調査を，一方を説明変数，もう一方を被説明変数として，障害者・障害女性に関する社会経済状況の因果関係を探索するというアプローチをとる。
　ただし序章で述べたように，当初予定していた，限定的ながらも公開されている個票データは利用できず，分析は集計データに頼るものである。このような集計データによる回帰分析は，集合としてみたときにいえることが

個々のレベルで当てはまるわけではないという生態学的誤謬（Ecological Fallacy）の問題を抱えている。国勢調査での調査事項の限定を含めて，本節の分析はこのように制約のある，また簡素なモデルに基づく探索的なものである。

また本章の分析モデルは，障害者・障害者世帯の資産状況や就労状態の要因説明を行うものではない。しかし他方で，個々人でなく世帯について調べた資産等状況は，障害者を取り巻く最も身近な社会の単位である家族・家庭（以下，「家」）に関するものである。第2節の先行研究でみたように，インドでは「家」という女性をめぐる社会規範の影響は大きい。世帯ごとの資産等状況を被説明変数とすることで，また，障害者だけでなく非障害者を含む全人口の指標を被説明変数とすることで，本章の探索的分析は障害女性に関する障害の社会モデルの検討を射程に入れるものと位置づけることができる。

国勢調査の個票データが使えないなかで，その集計データを用いて障害者に関する検討を行った研究にSaikia et al.（2016）がある。Saikia et al.（2016）は2011年国勢調査の集計データから，インド全640県ごとに諸指標を再集計しておもに比率を算出し，最小二乗法（OLS）回帰分析で障害者がいることに影響する指標を明らかにしようとしている。具体的には，被説明変数を県別障害者比[22]とし，説明変数として，（非障害者を含む全人口について，以下同じ）女性比，60歳以上人口比，SC比，ST比，女性識字率，都市人口比，就労6カ月以上比，また世帯の比率として，①安全な飲料水にアクセスできる世帯比，②荒廃した住居に住む世帯比，③住居に2部屋以上ある世帯比，④調理にクリーンな燃料を用いる世帯比，⑤銀行サービスにアクセスのある世帯比，⑥居住敷地内にトイレのない世帯比，を用いる。Saikia et al.（2016）はシンプルという意味で探索的分析を行っている点で一定の評価はできると思われる。しかし障害者比率を被説明変数とする分析で用いられる説明変数は適切か（たとえば，安全な飲料水へのアクセスがなぜ障害者比率を説明するのか，など），因果関係の想定に問題がある。

本章の分析モデルは，県別の障害者比率（男性のみ，女性のみ，のふたつ）を説明変数として，障害者と貧困・豊かさの関係を検証するものである。分

析の変数として利用可能な指標が限られるという制約のもと，インドに関する Saikia et al.（2016）および2002年 NSS 障害者データを用いた Mitra and Sambamoorthi（2006a）と Menon, Parish, and Rose（2014）をもとに，次項でみる諸変数による分析モデルを想定した[23]。被説明変数は，いずれも非障害者を含む全世帯・全人口に関する資産状況等に関する指標および就労状態である。これは，県別には障害者の指標は障害種別の比率しか集計データが公開されていないからである。実際，障害者に限らず人口全体についても，現在利用することのできる県レベルの集計データの公開が限られていることも本章の分析の制約となっている。

これらの諸制約に加えて，県別障害者比率は平均で2％程度（表3-7参照）と小さく，説明変数としての障害者比率が示すのは，障害者比率それ自体の効果というより，「県の特性」ととらえるほうが適切かもしれない。この点を考慮し，以下では分析結果の解釈を慎重に行う。本章でも Saikia et al.（2016）同様，OLS による分析を行うが，インド全640県を標本とする分析に加えて，郡部と都市部ごとの集計データを用い，居住地別の違いも確認する。分析には諸制約はあるものの，国勢調査という統計から障害女性に関するインドの障害の社会モデルの様態に迫る初めての試みという点で，一定の評価ができるものと考えられる。

2．被説明変数および説明変数について

被説明変数に用いるのは次の諸指標である。
被説明変数：
・資産所有状況として，（標本）全体の人口・全世帯に関する ①住居に2部屋以上ある世帯比，②荒廃した住居に住む世帯比，③安全な飲料水[24]にアクセスできる世帯比，④住居敷地内にトイレのない世帯比，⑤クリーンな調理燃料[25]を用いる世帯比，⑥オートバイ等自動二輪車所有世帯比，⑦自動車所有世帯比，⑧上記⑥〜⑦およびテレビ，パソコン，携帯電話の5ア

イテムすべて所有する世帯比[26]，⑨銀行サービスにアクセスのある世帯比
・就労状況として，全人口に関する ⑩就労 6 カ月以上比，⑪就労 6 カ月未満比，⑫非就労比

つぎに，説明変数とするのは以下の諸指標である。
説明変数：
・障害女性比（＝障害女性人口÷女性人口），障害男性比（＝障害男性人口÷男性人口）：これらの障害者比率は最大でも 5 ％に満たないため，両者の四分位ダミー（1～4）も説明変数とし，性別ごとの障害者比変数と 4 分位ダミー変数がともに有意である場合にのみ，障害者比率に関して，とくに障害男女の違いを中心に検討していくこととする。
・その他の説明変数：
（標本）全体の人口・全世帯に関する女性比，60歳以上人口比，SC 比，ST 比，識字率，世帯内既婚 2 組以上比率[27]

また郡部・都市部を合わせた全体の分析では都市人口比率を，資産所有状況を被説明変数とするときは（全体の）就労 6 カ月以上比を説明変数に加える。繰り返しになるが，障害者比以外の変数は全体の人口に関するものである。

さらにコントロール変数として，州内純生産（NSDP）（2011年度，対数），州別貧困率（2011/12年），障害者数に対する同年州別障害証明証発行比（2011年），障害者福祉に取り組むNGO・慈善団体への政府助成金プログラム「ディーンダヤル障害者リハビリテーション・スキーム」（DDRS）の州別支出額（2010年度，対数），そして障害者の起業等への融資を行う全国障害者融資・開発公社（NHFDC）による融資の州別受益者数（2010年，対数），の 5 つを分析に加えている[28]。いずれも県別データが未公表あるいはないため，各州の数値をその州の全県に割り当てている（同一州の県はすべて同値）。

検証は郡部と都市部を合わせた全体のもの（標本規模640件），郡部（同631件），都市部（同637件）ごとに行う。断りのないかぎり，上記各変数はそれに応じて全体，郡部，都市部ごとの比率を用いる。分析モデルはいずれも多

第3章 インドの障害女性と貧困　113

表3-7 記述統計量

変　数	全国 N=640				部部 N=631				都市部 N=637			
	平均	S.D.	最小値	最大値	平均	S.D.	最小値	最大値	平均	S.D.	最小値	最大値
障害女性比（障害女性人口÷女性人口）	0.020	0.005	0.008	0.045	0.020	0.006	0.010	0.046	0.018	0.006	0.000	0.061
障害女性比四分位のダミー（1～4）	2.500	1.119	1.000	4.000	2.502	1.118	1.000	4.000	2.502	1.120	1.000	4.000
障害男性比（障害男性人口÷男性人口）	0.023	0.006	0.007	0.048	0.024	0.006	0.011	0.048	0.021	0.006	0.000	0.048
障害男性比四分位のダミー（1～4）	2.500	1.119	1.000	4.000	2.502	1.118	1.000	4.000	2.502	1.120	1.000	4.000
住居に2部屋以上ある世帯比	0.627	0.154	0.119	0.965	0.610	0.170	0.113	0.936	0.697	0.115	0.155	0.965
荒廃した住居に住む世帯比	0.050	0.031	0.002	0.177	0.056	0.033	0.003	0.197	0.037	0.025	0.000	0.156
安全な飲料水にアクセスできる世帯比	0.689	0.221	0.059	0.996	0.649	0.240	0.014	1.000	0.786	0.191	0.002	0.997
住居敷地内にトイレのない世帯比	0.536	0.263	0.011	0.944	0.635	0.269	0.019	0.978	0.229	0.151	0.006	0.719
クリーンな調理燃料を用いる世帯比	0.276	0.223	0.009	0.968	0.151	0.163	0.000	0.993	0.622	0.199	0.046	0.980
オートバイ等自動二輪車所有世帯比	0.188	0.122	0.010	0.574	0.152	0.111	0.007	0.583	0.301	0.126	0.023	0.662
自動車所有世帯比	0.046	0.047	0.005	0.290	0.031	0.035	0.002	0.447	0.083	0.058	0.014	0.388
5フィートすべて所有する世帯比	0.038	0.048	0.002	0.289	0.014	0.027	0.000	0.516	0.084	0.057	0.006	0.385
銀行サービスにアクセスのある世帯比	0.580	0.170	0.105	0.939	0.551	0.186	0.049	0.994	0.668	0.117	0.165	0.977
就労6カ月以上比	0.302	0.075	0.132	0.556	0.306	0.087	0.130	0.556	0.293	0.052	0.170	0.698
就労6カ月未満比	0.110	0.056	0.014	0.336	0.126	0.060	0.009	0.358	0.052	0.025	0.004	0.367
非就労比	0.588	0.070	0.331	0.742	0.568	0.081	0.331	0.744	0.656	0.048	0.278	0.756
女性人口比（女性人口÷全人口）	0.485	0.016	0.348	0.542	0.487	0.015	0.408	0.541	0.480	0.022	0.254	0.542
60歳以上人口比	0.083	0.021	0.025	0.178	0.086	0.022	0.028	0.178	0.075	0.019	0.013	0.178
SC比	0.149	0.091	0.000	0.502	0.160	0.104	0.000	0.534	0.121	0.067	0.000	0.378
ST比	0.177	0.270	0.000	0.986	0.201	0.288	0.000	0.989	0.099	0.210	0.000	0.989
識字率	0.625	0.105	0.288	0.887	0.592	0.105	0.254	0.887	0.728	0.071	0.484	0.891
世帯内既婚2組以上比率	0.180	0.075	0.008	0.435	0.186	0.080	0.006	0.447	0.168	0.063	0.008	0.365
都市人口比	0.264	0.211	0.000	1.000	―	―	―	―	―	―	―	―
州内純生産（対数）	12.302	0.569	9.882	13.025	12.301	0.567	9.882	13.025	12.306	0.565	9.882	13.025
州別貧困率	0.293	0.126	0.060	0.479	0.291	0.138	0.000	0.552	0.301	0.130	0.049	0.734
州別障害証明書発行率	0.279	0.163	0.000	0.694	0.278	0.161	0.000	0.694	0.278	0.163	0.000	0.694
州別DDRS支出額（対数）	6.979	1.475	0.000	8.315	6.976	1.482	0.000	8.315	6.991	1.452	0.000	8.315
州別NHFDC受益者数（対数）	1.329	1.013	0.000	3.496	1.325	1.012	0.000	3.496	1.329	1.014	0.000	3.496

（出所）州に関する5変数（最下段）以外は国勢調査集計表をもとに筆者算出。州に関する5変数については本文を参照。
（注）1）部部、都市部の標本規模が640県でないのは部部あるいは都市部のない県があるため。
2）各変数の定義は本文（おおよび当該部の注）を参照。

表3-8 郡部障害者の資産お

説明変数	荒廃した住居に住む世帯比		住居敷地内にトイレのない世帯比		クリーンな調理燃料を用いる世帯比				オートバ
	係数	標準誤差	係数	標準誤差	係数	標準誤差	係数	標準誤差	係数
定数項	-0.058	0.060	-0.063	0.059	-2.480**	0.345	1.734**	0.235	1.800** 0.233	0.795**
障害女性比	0.947**	0.218	-	-	-	-	-3.536**	0.862	- -	-2.253**
障害男性比	-	-	0.961**	0.208	3.417**	1.205	-	-	-4.270** 0.815	
女性人口比	0.044	0.092	0.061	0.092	2.183**	0.533	-1.902**	0.362	-2.004** 0.360	-1.466**
60歳以上人口比	-0.333**	0.093	-0.373**	0.096	0.553	0.555	0.372	0.368	0.655 0.375	0.947**
SC比	0.055**	0.015	0.054**	0.015	0.355**	0.089	-0.144*	0.060	-0.140** 0.060	0.025
ST比	-0.014*	0.006	-0.013*	0.006	0.050	0.037	-0.111**	0.025	-0.112** 0.025	-0.028
識字率	0.045**	0.015	0.046**	0.015	-1.170**	0.085	0.442**	0.058	0.427** 0.057	0.210**
世帯内既婚2組以上比率	-0.068**	0.017	-0.068**	0.017	0.001	0.101	0.041	0.069	0.038 0.068	0.380**
就労6カ月以上比	-0.082**	0.017	-0.077**	0.017	-0.001	0.098	0.218**	0.066	0.188** 0.066	0.116*
州内純生産（対数）	0.007	0.003	0.006	0.003	0.211**	0.020	-0.075**	0.014	-0.074** 0.014	-0.017
州別貧困率	0.031**	0.010	0.031**	0.010	0.821**	0.059	-0.473**	0.040	-0.473** 0.040	-0.166**
州別障害証明証発行率	-0.039**	0.008	-0.038**	0.008	0.169**	0.046	0.114**	0.031	0.111** 0.031	0.055*
州別のDDRS支出額（対数）	0.004**	0.001	0.005**	0.001	-0.050**	0.007	0.014**	0.004	0.014** 0.004	0.002
州別のNHFDCの融資受益者数（対数）	-0.004**	0.001	-0.004**	0.001	0.014*	0.007	0.017**	0.005	0.017** 0.005	0.019**
R2	0.283		0.286		0.638		0.537		0.544	0.438
Adj R2	0.268		0.271		0.630		0.527		0.535	0.426

（出所）表3-7の各変数出所表をもとに筆者算出。
（注）** p<.01, * p<.05。

重共線性の問題はないと判断できる（注(27)参照）。表3-7は記述統計量である。

3．分析

分析は12の被説明変数について，全体・郡部・都市部別，かつ男女別で障害者比率（さらに男女別四分位ダミー）を説明変数とする。そこで郡部と都市部で障害者比率が統計的に有意（5％水準）のもののみ，表3-8，3-9にまとめた。障害者以外の変数の解釈も興味深いが，以下では障害者に関する解釈

に関する分析　(N = 631)

車所有世帯比	5アイテムすべて所有する世帯比		銀行サービスにアクセスのある世帯比		就労6カ月以上比				就労6カ月未満比			
標準誤差	係数	標準誤差	係数	標準誤差	係数	標準誤差	係数	標準誤差	係数	標準誤差	係数	標準誤差
0.176	0.165**	0.049	0.233	0.292	0.087	0.148	0.138	0.146	-0.369**	0.105	-0.382**	0.105
–	–	–	2.517*	1.070	-2.266**	0.534	–	–	2.381**	0.381	–	–
0.613	-0.502**	0.170	–	–	–	–	-2.837**	0.498	–	–	2.422**	0.357
0.271	-0.262**	0.075	-0.450	0.449	-0.710**	0.226	-0.767**	0.224	1.353**	0.161	1.387**	0.160
0.282	0.081	0.078	0.464	0.457	1.810**	0.217	1.979**	0.219	-0.425**	0.155	-0.506**	0.157
0.045	-0.037**	0.012	-0.137	0.075	-0.005	0.038	-0.003	0.038	0.063*	0.027	0.061*	0.027
0.019	-0.005	0.005	-0.046	0.032	0.130**	0.015	0.127**	0.015	0.027*	0.011	0.030**	0.011
0.043	0.082**	0.012	0.470**	0.072	0.061	0.036	0.047	0.035	-0.176**	0.026	-0.172**	0.025
0.051	0.011	0.014	0.904*	0.085	-0.318**	0.041	-0.315**	0.041	0.074*	0.029	0.069*	0.029
0.050	-0.025	0.014	-0.286**	0.082	–	–	–	–	–	–	–	–
0.010	-0.005	0.003	0.017	0.017	0.040**	0.008	0.039**	0.008	-0.006	0.006	-0.007	0.006
0.030	-0.055**	0.008	-0.427**	0.050	–	–	–	–	–	–	–	–
0.023	-0.002	0.006	0.075	0.039	0.005	0.020	0.003	0.019	0.009	0.014	0.010	0.014
0.003	0.003**	0.001	0.004	0.006	-0.007*	0.003	-0.007**	0.003	-0.005**	0.002	-0.005**	0.002
0.004	-0.001	0.001	-0.011	0.006	0.006	0.003	0.006**	0.003	0.008**	0.002	0.007**	0.002
	0.268		0.456		0.357		0.371		0.306		0.313	
	0.252		0.444		0.346		0.360		0.294		0.301	

のみ提示する。

　まず郡部について，性別にかかわらず障害者比率が高い県ほど，荒廃した住居に住む世帯比も高く，また，クリーンな調理燃料の利用可能性も低い。障害男性の比率が高い県ほど住居敷地内にトイレのない世帯比も有意に高い。郡部の住環境はおおむね，障害者・障害女性の比率が高い県ほど貧弱であるようである。性別による差は，係数の大きさから，障害女性の多い県よりも障害男性の多い県の方が荒廃した住居に住む世帯比が，若干ではあるが高い[29]。住居敷地内トイレの有無やクリーンな調理燃料の利用可能性も含め，

表3-9 都市部障害者の資産お

説明変数	住居敷地内にトイレのない世帯比		オートバイ等自動二輪車所有世帯比			
	係数	標準誤差	係数	標準誤差	係数	標準誤差
定数項	-0.400	0.228	-1.426 **	0.187	-1.395 **	
障害女性比	-	-	2.433 **	0.703	-	
障害男性比	2.396 **	0.850	-	-	2.439 **	
女性人口比	0.438	0.304	1.055 **	0.248	1.048 **	
60歳以上人口比	0.113	0.451	-1.695 **	0.366	-1.720 **	
SC比	0.287 **	0.088	0.177 *	0.072	0.163 *	
ST比	0.007	0.040	-0.104 **	0.033	-0.106 **	
識字率	-0.683 **	0.104	0.638 **	0.085	0.632 **	
世帯内既婚2組以上比率	-0.493 **	0.116	0.720 **	0.095	0.727 **	
就労6か月以上比	-0.184	0.144	0.514 **	0.117	0.535 **	
州内純生産（対数）	0.074 **	0.014	0.045 **	0.012	0.042 **	
州別貧困率	0.399 **	0.048	-0.042	0.039	-0.045	
州別障害証明証発行率	0.050	0.034	0.092 **	0.028	0.091 **	
州別のDDRS支出額（対数）	-0.020 **	0.005	-0.004	0.004	-0.004	
州別のNHFDCの融資受益者数（対数）	0.037 **	0.006	0.019 **	0.005	0.019 **	
R2	0.361		0.390		0.391	
Adj R2	0.348		0.377		0.378	

（出所）　表3-7の各変数出所表をもとに筆者算出。
（注）　** $p<.01$, * $p<.05$。

住環境は，障害男性の多い県の方が障害女性の多い県よりも相対的に劣っているようである[30]。県の特性からの個人レベルの議論の展開となるためいくぶんの推測の域を出ないが，以上から郡部の障害者・障害女性の住環境は非障害者に劣っている可能性があり，一方，障害女性の郡部住環境は障害男性よりもましであることが示唆されているようである。

諸アイテムの所有についても，係数から，障害男性比が高い県は障害女性比の高い県に，世帯の所有状況が劣るようである。これも上記同様の推測の域にはあるが，つまり郡部では，障害女性の方が障害男性よりも世帯単位では物を相対的に多く所有している可能性がある[31]。銀行サービスへのアクセ

第3章　インドの障害女性と貧困　117

に関する分析　（N = 637）

イテムすべて所有する世帯比		就労6か月以上比				就労6か月未満比			
係数	標準誤差	係数	標準誤差	係数	標準誤差	係数	標準誤差	係数	標準誤差
.195 *	0.088	0.582 **	0.058	0.579 **	0.057	0.136 **	0.037	0.152 **	0.036
.112 **	0.331	-0.718 **	0.242	-	-	0.782 **	0.151	-	-
-	-	-	-	-1.017 **	0.235	-	-	0.695 **	0.149
.050	0.117	-0.968 **	0.077	-0.965 **	0.076	0.080	0.048	0.070	0.048
.672 **	0.172	0.423 **	0.126	0.455 **	0.125	0.311 **	0.079	0.315 **	0.079
.032	0.034	-0.003	0.025	0.002	0.025	-0.018	0.016	-0.022	0.016
.051 **	0.015	-0.006	0.011	-0.006	0.011	0.045 **	0.007	0.044 **	0.007
.369 **	0.040	0.205 **	0.028	0.199 **	0.028	-0.140 **	0.017	-0.142 **	0.017
.269 **	0.044	-0.427 **	0.028	-0.426 **	0.028	0.021	0.018	0.020	0.018
.223 **	0.055	-	-	-	-	-	-	-	-
.005	0.006	0.004	0.004	0.004	0.004	-0.004	0.003	-0.005	0.003
.115 **	0.018	-	-	-	-	-	-	-	-
.006	0.013	0.024 **	0.009	0.024 **	0.009	-0.002	0.006	-0.002	0.006
.001	0.002	0.003 *	0.001	0.003 *	0.001	-0.001	0.001	-0.001	0.001
.003	0.002	0.009 **	0.002	0.009 **	0.002	-0.004 **	0.001	-0.004 **	0.001
.346		0.571		0.578		0.273		0.268	
.332		0.563		0.570		0.260		0.255	

スも障害男性比が有意ではない一方で，障害女性比は正に有意に関連する。

　就労については，障害者比率が高い県ほど全人口でみた就労6カ月以上の比率が低く，同就労6カ月未満の比率が高い。係数から，障害女性比が与える影響は障害男性比の影響よりも小さい。推論的解釈をすれば，障害者自身の就労時間／期間が短いこと，障害者の介助等に携わる人たちの労働期間が短いこと，また障害者比率が高い県ほど経済活動の非活発性が示唆されるのかもしれない。そしてその影響は，障害女性よりも障害男性の方が大きいようである。県の障害者比率はその非就労者比率には有意に関連していない。

　つぎに都市部について，郡部ほど障害者に関する指標が統計的に有意では

ない。諸アイテム所有は障害女性比の高い県の方が障害男性比の高い県よりも所有世帯が多いことがうかがわれるが，住環境については唯一，障害男性の比率が高い県ほど，住居敷地内にトイレのない全体の世帯が多い。郡部と違い都市部では，障害女性比は住環境とは有意な関連が示されていない。

都市部での就労については郡部と同様に，障害者比率が高い県ほど就労6カ月以上の比率が低く，就労6カ月未満の比率が高い。ただし都市部では郡部と異なり，就労6カ月未満比について，障害女性比の方が障害男性比よりも係数が大きい。

本節の分析は集計データによるため，生態学的誤謬の問題の恐れを排除できず，また指標が決定的とは言い難い。モデルも簡素で，因果関係を断定するのには留意すべき，あくまで探索的なものである。県の特性からの個人レベルの状況推論という部分もあるが，それでも本節の分析が示唆するのは，郡部では障害者は非障害者と比較して住環境が劣っていること，ただし障害女性の住環境は障害男性よりもましであること，物の所有も障害女性の方が障害男性よりも世帯単位では相対的に豊かであること，といった点であると考えられる。また就労については，障害者の多い県では6カ月以上の就労が少なく，6カ月未満の就労が多いが，非就労者は増えるわけではないようである。障害女性が住環境等で障害男性を上回ることが示唆された点は，Menon, Parish, and Rose（2014）の家計支出に関する検証と整合的である。これら諸点をもとに，本章の第2の目的である障害女性に関するインドにおける障害の社会モデルの素描を本章の最後に試みる。

　　おわりに

インドの障害女性に関する事例研究や生活状況等の紹介はこれまでも多くみられるが，統計データから障害女性の社会経済状況を明らかにする研究は少ない。本章はその間隙を埋める試みとして，インドの障害女性の貧困につ

いて，2011年国勢調査が提示する情報を追い，またその集計データを用いた探索的な分析により，インドの障害の社会モデルの様態を検討の視野においている。利用できる指標に限りがあり，障害者の捕捉に問題がある点は否定できないが，本章が見いだしたのは次の諸点である。

　まず，障害者の社会経済状況は非障害者に劣っている。本章ではこれを識字率・教育水準，婚姻（15歳以上）の機会，住居の有無，さらに就労機会・就労状況に関する検討から示している。これはもちろん（障害者という）集団の平均に関する議論で，趨勢は障害種・障害度，年齢層等で異なり，すべての障害者が非障害者に劣っているということではない。しかし国勢調査という悉皆調査から，改めてインドの障害者がおかれている厳しい現状が示されている意義は大きい。

　つぎに，障害女性は障害男性よりも識字率・教育水準では劣るが，婚姻の機会および住居の有無については，障害女性が相対的に上回る。後者はいずれも「家」に関するものである。さらに非就労障害女性の活動・立場では家事従事者の比率が高い。一部推測の域にあるものの，障害女性の方が障害男性よりも相対的に「家」に組み込まれているといえる。「家」への組み込みには，「扶養・保護」と「（社会規範による）拘束」の両面がある。これは先行研究でみたインドの女性規範とも関連している。障害の社会モデルが障害者のエンパワメントに資するようなベクトルを想起させがちななかで，インドでは，ネガティブな面をもつ社会モデルのなかに障害女性がそもそも位置づけられている。

　就労機会・就労期間については，障害女性は障害男性よりもその機会に乏しいことが明らかになった。ただし，インドの都市部では障害女性と非障害女性の就労率にあまり大きな差はない。先行研究が示唆するのと同じく，インドの障害女性に関する本章も，就労機会については障害者であることよりも，女性であることが及ぼす影響の方が大きい点を指摘している。付け加えると，女性であることよりも社会経済的弱者であるSC／STであることの方が，障害女性の就労に影響を与える可能性も示唆された。

集計データによる本章で試みた探索的な分析では，因果関係を結論として引き出すのは難しい。それでも，障害者の多い県は県全体としてみると資産状況等が貧弱であることは確認できる。これから直ちに障害者は非障害者に資産状況等で劣るという結論を導くことはできないが，国際機関等の報告書や先行研究で一般に指摘される，この障害者の資産状況等が劣っているという可能性は否定できない。また次の諸点，すなわち第1に，郡部では障害者の多い県は全般的に住環境が貧弱で，これは障害者の住環境が非障害者と比較して劣っていることを示す可能性があること，第2に，それでも障害女性は障害男性よりも住環境がましなようであること，第3に，アイテム所有についても障害女性の方が障害男性よりも世帯単位では相対的に豊かなようであること，第4に，全体の就労については障害者の多い県では6カ月以上の就労が少なく，6カ月未満の就労が多いが，非就労者は増えるわけではないようであること，といった諸点が示唆されると考えられる。

　最後に，本章が見いだした諸点をもとに，インドの障害女性がおかれている状況をスキーマティックに，極論・二分法的に描くと次のようになる。障害者の社会経済状況は非障害者に劣り，障害女性は障害男性に比べても教育という個人的な資質で劣る。就労機会にも乏しい。それでも「家」に組込まれていることで，個人ではなく世帯単位では，障害男性よりも護られている。世帯でみた物の所有状況も障害女性は障害男性ほど悪くない。つまり障害女性は「個」では劣るが「家」で勝る，あるいは「家」が負を補っているとも言い得る状況にある。障害の社会モデルのポジティブな側面である。しかしこの「家」には拘束というネガティブな側面もある。これは障害女性に限らず，インドの女性を覆う規範である。同時にこの規範は，女性個人の資質向上・活躍には妨げとなっている。

　障害女性だけでなくインドの女性全体を覆う規範があるなかで，「家」はどのように機能しているのだろうか。障害女性の周縁化・差別の議論でいわれるその複合性の様態をよりいっそう明らかにするには，インドの障害女性をめぐる「家」の機能の検討が重要であるように思われる。それには家庭内

の状況に踏み込んだミクロの研究が必要だろう。

〔注〕
(1) インドの障害者雇用の法制面を論ずる文献として浅野（2012）がある。
(2) 本章の関心は障害女性で，障害女児には焦点を当てていない。
(3) 調査間の数値の乖離の原因として，定義の違い（Banthia 2005, xiv; GOI 2011a, 50）や障害に関する尋ね方の違い，また調査員の調査能力の問題を指摘できる。もちろんスティグマや，回答する側の障害者が家族・親族にいることを隠す風潮の存在も無視できないという。障害に関する調査の実施，そして正確な把握が困難であることは多くの論者が指摘している。太田（2016）参照。
(4) 2002年を最後にNSSが障害者調査を実施しておらず，また今後数年内に実施予定がないのは，国勢調査との乖離を当局が問題視しているためである（太田 2016）。2011年国勢調査と比較しても2002年NSSは移動性障害者数が著しく大きい。選択肢として「その他」および「重複障害」もないという問題もある。
(5) 「その他」の回答が500万人に上る点が少々懸念されるが，判断が難しいものを無理に分類しなかった結果ととらえたい。
(6) 筆者によるJNU・CDC担当者シス・カウール氏からの聞き取り（2015年10月16日実施）。
(7) この国勢調査の個票データは外部持ち出しができず，CDCに設置されたパソコンによる作業のみ許可される。本個票データを用いた解析を当初予定していたものの，2016年半ば以降，CDC管理サーバーの故障のために個票データが利用できない状況となり，執筆時点でのサーバー復旧は間に合わなかった。
(8) 国勢調査ウェブサイトで公開されている統計表タイトルは次のとおりである（2016年12月現在）。表によって，指定カースト（SC）・指定部族（ST）別に公開されているものがある。
  ・Distribution of Disabled Workers by Sex, Economic Status and Residence
  ・Distribution of Disabled in the Age-Group 0-6 by Type of Disability, Sex and Residence
  ・Distribution of Disabled by Type of Disability, Sex, Literacy Status and Residence
  ・C-20 Disabled Population by type of Disability, Age and Sex
  ・C-21 Disabled Population by Type Of Disability, Marital Status, Age and Sex
  ・C-22 Disabled Population in Age 5-19 Attending/Not Attending Educational Institution by Type of Disability and Sex

・C-23 Disabled Population by Main Workers, Marginal Workers, Non-Workers by Type of Disability, Age and Sex
・C-24 Disabled Non-Workers by Type of Disability and Sex
・C-29 Disabled Population by Type of Disability, Educational Level and Sex
・C-30 Disabled Population by Type of Disability, Type of Households and Sex

⑼　Raut, Pal, and Bharati（2014）は同じく2002年 NSS を用いて，障害を事由とする失職による1人当たり月平均支出額の減少を検討している。それによると，障害を負うことによって障害者のいる世帯の1人当たり月平均支出額は7％ほど低下し，居住地別では都市部が4％，郡部が7％の支出減となる。障害者の就労率は都市部よりも郡部の方が高いから喪失所得も大きいと考えられる。残念ながら本研究では性別に配慮がなされていない。

⑽　タミル・ナードゥ州の郡部では，障害男性と非障害男性にみられる違いは雇用機会で，賃金水準については統計的に有意な差は確認されなかった。これに対して UP 州郡部では，障害男性は非障害男性よりも8％ほど賃金が低くなっている。

⑾　本項では，2011年国勢調査ウェブサイト（http://www.censusindia.gov.in/2011census/population_enumeration.html）で入手した分布統計表を用いて分析したものである（障害者の統計表はファイル名「DDW-C20-0000.xlsx」，年齢別人口は同「DDW-0000C-13.xlsx」を利用［2017年1月31日ダウンロード］，上記 URL から各表にアクセスしたが，個別の URL は割愛する）。紙幅制約のため筆者が作成した表は一部割愛している。本章で表を割愛した分析，元表 URL 等の詳細は筆者に直接問い合わせられたい。

⑿　本項で用いる元表は次のとおり（2011年国勢調査ウェブサイトより，障害者についての表ファイルは2016年10月3日，人口の元表ファイルは2017年1月31日ダウンロード）：
教育：「DDW-0000C-29.xlsx」（障害者），「DDW-0000C-08.xlsx」（人口）。
婚姻：「DDW-0000C-21.xlsx」（障害者），「DDW-0000C-02-fer3-MDDS.xlsx」（人口）。　住居：「DDW-0000C-30.xlsx」（障害者），「PCA_HL_2011_Release.xls」「PCA-00.csv」（人口）。

⒀　いずれの障害でも，障害男性の未婚率の方が障害女性よりも高い。未婚率の高い（低い）順序は，言語障害者と移動性障害者の順序が入れ替わるほかは，男女同じである。

⒁　インドでは障害者に限らず，高齢の女性が男性よりも厳しい状況におかれることが多い（Ota 2013）。

⒂　精神障害者の貧困，住居なし（ホームレス）はインドでも大きく問題視されている（Gopikumar et al. 2015）。郡部の障害女性の住居なしの比率は，精神障害女性の0.317％に対して，視覚障害女性0.132％，聴覚障害女性0.142％，言

語障害女性0.110％，移動性障害女性0.097％，知的障害女性0.150％，その他障害女性0.123％，重複障害女性0.114％となっている。なお，障害男性の住居なしの比率は，郡部では0.138％，都市部では0.653％である。

(16) 本項で用いる元表は次のとおり（2011年国勢調査ウェブサイトより，障害者についての表ファイルは2016年10月3日，人口の表ファイルは2017年2月1日ダウンロード）：

就労期間分類：「DDW-0000C-23.xlsx」（障害者），「DDW-0000B-01-Census.xls」（人口）。　経済活動分類：「DISAB04-0000.xlsx」（障害者），「PCA-00.CSV」（人口）。　非就労者：「DDW-0000C-24.xlsx」（障害者），「DDW-0000B-13-Census.xls」（人口）。

(17) 本章では国勢調査での「Main Worker」を「主労働者」と訳さず，その定義である「就労6カ月以上」とそのまま表記する。「就労3カ月未満」および「就労3～6カ月未満」は，同「Marginal Worker」が3カ月で区切られていることによる。

(18) 途上国15カ国について検証したMizunoya and Mitra（2013）でも，障害女性と非障害女性の就労率の差が大きくないこと，また障害者であることよりも女性であることの方が影響を及ぼしている可能性を指摘している。

(19) 1995年インド障害者（機会均等，権利保護および完全参加）法は公務員の雇用の3％以上を障害者に留保するよう定めている。

(20) 2011年国勢調査では職業分類の集計はまだ公表されていない。前回の2001年国勢調査から確実に上級職とわかる職業につく人たちの比率をみると，議員および（公務員）高官（Legislators and Senior Officials）は全体が0.625％であるのに対して障害者は0.560％，経営者（Corporate Managers）は全体が2.619％であるのに対して障害者は2.038％，そして部長職は全体が0.035％であるのに対して障害者は0.024％である。障害者は非障害者よりも上級職につく比率が低い。女性については，全体および障害者の順に，議員・高官は0.424％に対して0.292％，経営者は1.084％に対して0.790％，部長職は0.014％に対して0.009％である。上級職の比率が低い女性にあって，障害女性はさらにその比率が低くなる。

(21) 年金については，農村開発省主管の貧困対策スキームである全国社会支援プログラム（NASP）において，18～64歳の貧困線以下の重度障害者（障害度80％以上）および重複障害者に対して，中央政府が月額200ルピーを給付するインディラ・ガンディー全国障害年金計画（IGNDPS）が2009年に開始されている。その後の制度・諸規定の変更により，現在の対象年齢は18～79歳，また中央政府給付額は300ルピーである（80歳以降は貧困層を対象とするインディラ・ガンディー全国高齢年金計画［IGNOAPS］に移行する。80歳以上高齢者対象の月額給付額は500ルピーである。以上，農業開発省NASPのサイト

[http://nsap.nic.in/Guidelines/dps.pdf，2017年2月15日最終確認］より)。障害者の年金生活者比率がインド全体よりも高いのは，このIGNDPSによるところが大きいと考えられる。

(22)　Saikia et al.（2016）はWHO標準化により障害者比の年齢調整を行っている。年齢調整は罹患率の分析などでなされるが，若年層が極めて多い今日のインドでWHO基準を用いるのが適切か，疑問である。本章では障害者比は被説明変数ではないこともあり，年齢調整は行っていない。

(23)　変数作成に利用した集計データ元表は次の国勢調査ウェブサイトからダウンロード：

・「Primary Census Abstract」(http://www.censusindia.gov.in/pca/pca.aspx，2016年10月21日ダウンロード)。

・「Percentage of Households to Total Households by Amenities and Assets」(http://www.censusindia.gov.in/2011census/hlo/Houselisting-housing-PCA.html，2017年2月5日最終確認)

・「Disabled Population by type of Disability, Age and Sex - C20 Table」(http://www.censusindia.gov.in/2011census/C-series/c-20.html，2017年2月6日最終確認)

・「C-14 FIVE YEAR AGE GROUP DATA BY RESIDENCE AND SEX」(http://www.censusindia.gov.in/2011census/C-series/C-14.html，2017年2月7日最終確認)

(24)　水質処理された蛇口水道水，覆い付き井戸，手動ポンプ井戸，または水掘り抜き井戸（Tubewell/Borehole）のいずれかを使用。

(25)　灯油，LPガス／天然ガス（PNG），電気，またはバイオガスのいずれかを利用。

(26)　テレビ所有世帯比，パソコン所有世帯比，携帯電話所有世帯比を被説明変数とする分析も別途行っている。

(27)　インドの平均世帯規模は5人弱である。当初は世帯規模でより細かく検討するために「規模3人以下世帯比率」も説明変数としたが，OLS回帰分析の多重共線性の有無を確認する指標・VIF統計量が，本変数は4.43〜4.75を示した。VIFについては10以下であれば多重共線性の問題はないという見解がある一方で，その根拠はあまり明確ではない。本変数を除外するとVIFが最大となったのは「60歳以上人口比」で，その値は4以下の3.41〜3.76に収まった。低い値ではないという指摘はあるかもしれないが，多重共線性が大きく問題視されるとも考えられない。「規模3人以下世帯比率」を除くことでVIF最大値が4を下回ることから，以下ではより慎重を期して，本変数を除外して分析を行った。「規模3人以下世帯比率」を変数に加えても，分析結果に大きな違いはない。

⑱　各変数の出所は次のとおり。NSDP：GOI（2016, A21-A22），州別貧困率：GOI（2014, 66），州別障害証明証発行比：GOI（2011b, 355-356）を州別障害者人口で除して算出，州別 DDRS 支出額：GOI（2011b, 406-407），州別 NHFDC 受益者数：NHFDC ホームページから受益者一覧をダウンロード（http://www.nhfdc.nic.in/site/BEN_LIST_2010_11.pdf, 2017年5月13日）。なお，ダマン＆ディウ，ダドゥラ＆ナガール・ハヴェリ，ラクシャドウィープの3連邦直轄領は規模が小さい等の理由で NSDP が集計されていない。そこでデータがあるなかで NSDP が最小値であるアンダマン＆ニコバルの人口規模と各直轄領の人口規模の比から，後者の擬似 NSDP を算出した。これら4つの連邦直轄領の人口および NSDP の合計値がインドの総人口と NDP（国内純生産）に占める比率は0.2％を下回るため，分析に影響はないものと考えられる。

⑲　荒廃した住居に住む世帯比は都市部では障害男性比，障害女性比ともに統計的に有意ではないが，インド全体でみると郡部とは反対に，障害女性比の高い県の方が障害男性比の高い県よりも荒廃した住居に住む世帯比が有意に高い。

⑳　「安全な飲料水にアクセスできる世帯比」に関しては，障害男性比についてのみ，統計的に有意（5％水準）で，負の係数である。

㉑　被説明変数のひとつ「5アイテム」を構成するテレビ，パソコン，携帯電話の所有世帯比も，被説明変数として別途個別に確認している。この個別アイテムについても同様のことがいえそうであった。次にみる都市部についても同じく当てはまるようである。

〔参考文献〕

<日本語文献>

浅野宜之 2012.「インドにおける障害者の雇用と法制度」小林昌之編『アジアの障害者雇用法制――差別禁止と雇用促進――』アジア経済研究所 125-155.

―――― 2017.「インドにおける女性障害者の現状」小林昌之編『アジア諸国の女性障害者と複合差別』アジア経済研究所 211-242.

太田仁志 2016.「インドの障害女性と貧困削減に関する研究ノート」(森壮也編「途上国の障害女性・障害児の貧困削減」調査研究報告書 アジア経済研究所 67-88 http://www.ide.go.jp/Japanese/Publish/Download/Report/2015/2015_B114.html).

森壮也 2011.「南アジアにおける『障害と開発』」森壮也編『南アジアの障害当事者と障害者政策――障害と開発の視点から――』アジア経済研究所 3-28.

―――― 2016.「『途上国の障害女性・障害児の貧困削減』にむけて」(森壮也編「途

上国の障害女性・障害児の貧困削減」調査研究報告書 アジア経済研究所 1-10 http://www.ide.go.jp/Japanese/Publish/Download/Report/2015/2015_B114.html).

山形辰史編 2008.『貧困削減戦略再考——生計向上アプローチの可能性——』アジア経済研究所.

＜外国語文献＞

Abidi, Javed, and Dorodi Sharma 2014. "Poverty, Disability, and Employment: Global Perspectives From the National Centre for Promotion of Employment for Disabled People," *Career Development and Transition for Exceptional Individuals*, 37 (1) February: 60-68.

Addlakha, Renu 2013. "Body Politics and Disabled Femininity: Perspectives of Adolescent Girls from Delhi," In *Disability Studies in India*, edited by Renu Addlakha, New Delhi: Routledge, 220-240.

Banthia, Jayant Kumar 2005. *The First Report on Disability in India - Census 2001*, Office of the Registrar General & Census Commissioner, Government of India, New Delhi.

Brucker, Debra L., Sophie Mitra, Navena Chaitoo, and Joseph Mauro 2014. "More Likely to Be Poor Whatever the Measure: Persons with Disabilities in the U.S.," Discussion Paper No. 2014-01, Department of Economics, Fordham University.

Das, D., and S. B. Agnihotri 1998. "Physical Disability: Is There a Gender Dimension?," *Economic and Political Weekly*, 33 (52) December : 3333-3335.

Erb, Susan, and Barbara Harriss-White 2002. *Outcast from Social Welfare: Adult Disability, Incapacity, and Development in Rural South India*, Bangalore: Books for Change.

Friedner, Michele 2013. "Identity Formation and Transnational Discourses: Thinking beyond Identity Politics," In *Disability Studies in India*, edited by Renu Addlakha, New Delhi: Routledge, 241-262.

Ghai, Anita 2015. *Rethinking Disability in India*, New Delhi: Routledge.

Ghosh, Nandini 2013. "Bhalo Meye: Cultural Construction of Gender and Disability in Bengal," In *Disability Studies in India*, edited by Renu Addlakha, New Delhi: Routledge, 201-219.

Gopikumar, Vandana, Lakshmi Narasimhan, Kamala Easwaran, Joske Bunders, and S. Parasuraman 2015. "Persistent, Complex and Unresolved Issues: Indian Discourse on Mental Ill Health and Homelessness," *Economic and Political Weekly*, 50 (11) March: 42-51.

GOI (Government of India) 2003. *Disabled Persons in India, NSS 58th round (July-*

December 2002), Report No. 485 (58/26/1), National Sample Survey Organisation, Ministry of Statistics and Programme Implementation, GoI.
―――― 2011a. *Census of India 2011: Instruction Manual for Updating of Abridged Houselist and Filling up of the Household Schedule*, New Delhi: Office of the Registrar General & Census Commissioner, Ministry of Home Affairs, GOI.
―――― 2011b. *Annual Report 2010-11*, Ministry of Social Justice & Empowerment, GOI.
―――― 2013. *Census of India 2011, Primary Census Abstract, Data Highlights, India Series 1*, New Delhi: Office of the Registrar General & Census Commissioner, Ministry of Home Affairs, GOI.
―――― 2014. *Report of the Expert Group to Review the Methodology for Measurement of Poverty*, New Delhi: Planning Commission, GOI.
―――― 2016. *Economic Survey 2015-16*, New Delhi: Ministry of Finance, GOI.
Limaye, Sandhya 2013. "The Inner World of Adolescent Girls with Hearing Impairment: Two Case Studies," In *Disability Studies in India*, edited by Renu Addlakha, New Delhi: Routledge, 263-283.
Mander, Harsh 2008. "Living with Hunger: Deprivation among the Aged, Single Women and People with Disability," *Economic and Political Weekly*, 43 (17) April: 87-98.
Mehrotra, Nilika 2004. "Women, Disability and Social Support in Rural Haryana," *Economic and Political Weekly*, 39 (52): December: 5640-5644.
Menon, Nidhiya, Susan L. Parish, and Roderick A. Rose 2011. "Evidence of State-Level Variability in the Economic and Demographic Well-Being of People with Disabilities in India," IZA DP (6218).
―――― 2014. "The 'State' of Persons with Disabilities in India," *Journal of Human Development and Capabilities*, 15 (4) September: 391-412.
Mitra, Sophie, Aleksandra Posarac, and Brandon Vick 2011. *Disability and Poverty in Developing Countries: A Snapshot from the World Health Survey* (SP Discussion Paper, 1109), Washington, D.C.: World Bank.
Mitra, Sophie, and Usha Sambamoorthi 2006a. "Employment of Persons with Disabilities: Evidence from the National Sample Survey," *Economic and Political Weekly*, 41 (3) January: 199-203.
―――― 2006b. "Disability Estimates in India: What the Census and NSS Tell Us," *Economic and Political Weekly*, 41 (38) September: 4022-4024.
―――― 2008. "Disability and the Rural Labor Market in India: Evidence for Males in Tamil Nadu," *World Development*, 36 (5) May: 934-952.
―――― 2009. "Wage Differential by Disability Status in an Agrarian Labor Market in India," *Applied Economics Letters*, 16 (14): 1393-1398.

Mizunoya, Suguru, and Sophie Mitra 2013. "Is There a Disability Gap in Employment Rates in Developing Countries?," *World Development*, 42 February: 28-43.

Nayak, Bandana 2013. "Problems, Challenges and Status of Women with Disabilities in Odisha: A Study in India," *American International Journal of Research in Humanities, Arts and Social Sciences*, 3 (2) June-August: 185-193.

Ota, Hitoshi 2013. "India's Senior Citizens' Policy and an Examination of the Life of Senior Citizens in North Delhi," *Indian Journal of Human Development*, 7 (1): 161-190.

Rao, Indumathi n.d. *Equity to Women with Disabilities in India (A Strategy Paper for the National Commission for Women, India)*.

Raut, Lakshmi K., Manoranjan Pal, and Premananda Bharati 2014. "The Economic Burden of Disability in India: Estimates from the NSS Data," (February 24, 2014), *SSRN* (https://papers.ssrn.com/sol3/papers.cfm?abstract_id=2432546, 2015年7月2日アクセス).

RDT (Rural Development Trust) 2011. *Status of Persons with Disabilities and their Supported Living Needs: A Research Study Report* (http://www.bezev.de/fileadmin/ Neuer_Ordner/Tagung_CBR/Praesentationen/Study_Report_on_Supported_ Living_Project_V._Balakrishna.pdf, 2014年9月29日アクセス).

Saikia, N., J.K. Bora, D. Jasilionis, and V.M. Shkolnikov 2016. "Disability Divides in India: Evidence from the 2011 Census," PLoS ONE, 11 (8) (https://www.ncbi. nlm.nih.gov/pmc/articles/PMC4973875/pdf/pone.0159809.pdf, 2016年10月3日 アクセス).

Shenoy, Meera 2011. *Persons with Disability and the India Labour Market: Challenges and Opportunities*, International Labour Organization.

World Bank 2009. *People with Disabilities in India: from Commitments to Outcomes*, Washington, D.C.: World Bank.

WHO (World Health Organization) 2011. *World Report on Disability*, Geneva: WHO.

第 4 章

インドの障害児教育
――教育普及になおも取り残される子どもたち――

辻　田　祐　子，プラカーシュ・シン

　　はじめに

　近年，国際的な基礎教育普遍化への取り組みが強化されるとともに，途上国における子どもの就学率が上昇している。それでもなお障害をもつ子どもたちは就学していない可能性が高い（UNESCO 2015）。途上国の児童の就学に影響を与えるのは家庭の経済力，ジェンダー，居住地域といった要因よりも障害をもつという要因のほうが大きいと報告されている（World Bank 2007; Filmer 2008）。

　障害者が教育を受ける権利は，子どもの権利条約や障害者の権利に関する条約において保障されており，国際社会はミレニアム開発目標（MDGs）や持続可能な開発目標などを通じて，障害者を含むすべての子どもたちの基礎教育普遍化に取り組んできた。しかしながら，障害児の10％しか学校教育を受けられておらず，うち半数が障害に対する教員，生徒，親のスティグマや偏見，いじめなどにより初等教育修了までにドロップアウトすると報告されている（UNICEF 2013）。

　そこで本章は，インドの義務教育年齢に相当する障害児の教育普遍化に向けて，障害児の就学を妨げている社会的，経済的な要因を探ることを目的とする。結論を先んずれば，農村部の障害児は就学に不利であり，女児は就学

の可能性が男児よりも高い傾向がみられるが，女児のなかでも低カースト層になるとその確率は低くなる。家庭の経済力は就学とのゆるやかな相関関係がみられ，とくにカースト別では低カースト層にその関係が観察される。

　本章の構成は，以下のとおりである。第1節でインドにおける障害児教育普及への政策，法律面での取り組みとその成果について，統計と先行研究から概観する。次いで第2節では，全国標本調査（National Sample Survey）を用いて障害児の就学要因に関する経済，社会的な特徴を検証する。最後に本章をまとめる。

第1節　障害児教育への取り組みと成果

1．障害児教育への取り組み

(1)　国家政策・プログラム

　インドの障害児教育政策の歴史的な展開をみると，障害児教育の普遍化に向けた国際的な取り組みの影響が一定程度みられる。1994年，スペインのサラマンカで障害児の教育支援に関する「特別なニーズ教育に関する世界会議」が開催され，すべての子どもの個別のニーズに対応した教育を地域の普通学校で提供する「インクルーシブ教育」を主旨とする「サラマンカ宣言」が採択された。それは，障害児と非障害児を別々に教育する分離教育や，障害者を非障害者の学習する学校に受け入れるが両者を区別し，同じ学校内で別の学級，あるいは同じ学級内で別の学習をすることもあり得る統合教育とは異なるものである。インクルーシブ教育ではすべての子どもを障害の有無によって区別するのではなく，個々の子どもの発達や能力に応じた支援や指導を行う，という理念が掲げられている。これは，障害は障害者を取り巻く環境や集団によって作り出され，社会の側の変革を求める「障害と開発」分野での「社会モデル」にも調和すると考えられる。

インドでは，このように障害児を普通学校で教育することを中心に据えつつ，同時に障害の程度や種類によって特別支援学校での教育も認めるという二重のアプローチが国家の基本方針として一貫して掲げられてきた。中央政府が障害児教育への支援を本格化させたのは1970年代中盤以降である。しかし，目立った成果は上げられず，国家教育政策（1986年）をレビューした政府委員会をして，「普通学校に障害児を受け入れたが，特別な支援のない障害児学級をつくった程度の成果しか上げられていない」という評価がなされている（GOI n.d.）。それを受けての現在の国家教育政策（1986年制定，1992年改正）では，①肢体不自由とその他軽度の障害者は非障害者と同様に普通学校で教育する，②重度の障害者は寄宿舎付きの特別支援学校で教育する，③障害児への職業訓練を行う，④教員，とくに初等教育課程の教員に対して障害児教育訓練を行う，⑤障害児教育に対するボランタリーな取り組みを推進する，と記されている。

その後1990年代に入るとインド政府はサラマンカ宣言に署名し，「インクルーシブ教育」を推進し始めた。しかし基礎教育の普及の遅れるインドにおいて，それは障害児の入学を拒否しないことと同一視され，就学率の向上に重点がおかれた。2000/01年度以降，「インクルーシブ教育」はおもに教育普遍化キャンペーン（Sarva Siksha Abhiyan: 以下，SSA）のなかで取り組まれてきたが，普通学校での教育を中心としながらも，ノンフォーマル教育や重度障害者に対する家庭学習も選択肢に含まれるという国家政策が反映されているのが特徴である。

今後のSSAの課題としては，障害児をさらに見つけ出し就学に導くこと，教員訓練，車いす利用者のためのバリアフリー施設の増加，が挙げられている（SSA 2016）。現在策定中の国家教育政策の草案（2016年）では，SSAにおける障害児の支援額は障害児の人数に応じたものであるべきであること，同事業を監督するために各州で障害児教育のための独立した教育審議会を設立すること，などが提案されている（GOI 2016）。事業の効率的，効果的な実施のための透明性や説明責任が課題となっていることがうかがえるのである。

障害児教育ではNGOの果たしてきた役割も小さくない。NGO活動の一つひとつは小規模だが，公共教育サービスが十分に機能していないインドの障害児教育は障害当事者家族やNGO頼み（Erb and Harriss-White 2002; Jha 2006）とも評価される。NGOによる障害児教育は19世紀後半頃よりみられ，現在では30州777のNGOが障害児教育分野で活動している（SSA 2016, 68）。しかしNGO学校には政府の認可を受けた学校が少なく，教育の質は著しく低いとも指摘される（Miles and Singal 2010）。

(2) 障害児教育に関する法律

2009年無償義務教育に関する子どもの権利法（The Right of Children to Free and Compulsory Education Act, 2009, 以下RTE法）は，障害児を含む6歳から14歳のすべての子どもが無償義務教育を受ける権利を保障する法律である。2012年に同法の改正が行われ，障害当事者団体の活動などにより障害に関する点でもいくつかの改正がなされた。おもなポイントは次の3つである。第1に，「障害者」の定義の変更である。1995年障害者（機会均等，権利保護および完全参加）法（The Persons with Disabilities [Equal Opportunities, Protection of Right and Full Participation] Act, 1995）の対象者に加えて，1999年自閉症・脳性マヒ・知的障害および重複障害をもつ者の福祉のためのナショナル・トラスト法（以下，1999年ナショナル・トラスト法）の対象者も障害者に含まれることになった。第2に，私立学校で無償教育を受ける権利をもつ「不利な立場におかれた子どもたち」の定義の変更である。改正法では障害をもつ子どもたちもこの対象となった。第3に，1999年ナショナル・トラスト法で規定される重複障害者，重度障害者（医療機関により心身機能が80％以上欠如していると認定された者）[1]に対しては，学校への通学ではなく，自宅学習を認めることになった。

RTE法の規定では障害者を含めたすべての子どもの教育を地域の普通学校で行うことを基本としている。しかしながら，2016年障害者の権利法（The Rights of Persons with Disabilities Act, 2016）では，医療機関により心身機能が

40％以上欠如と認定された障害者などに該当する「標準的障害者」には，普通学校か特別支援学校かの選択をする権利を認めており，また18歳までは適切な環境での無償教育が保証されると記される。

　以上，国際的には障害児と非障害児がともに地域の普通学校で学ぶインクルーシブ教育の達成が目標とされてきたが，インドでは普通学校での教育以外に特別支援学校や在宅での学習という選択肢がある，というのが障害児教育に対する同国政府のスタンスであることが読み取れる。

2．障害児教育の現状

(1) 統計からみる就学の現状

　インドでは1990年代以降に政府による基礎教育普遍化への本格的な取り組みがみられる。全国標本調査によると，6～14歳の就学率は1986～1987年の55.4％から1995～1996年68.7％，2007～2008年86.2％，2014年90.1％まで上昇した。同様に障害者の就学率（5～18歳）についても50.5％（2001年センサス）から61.2％（2011年センサス）にまで10.7ポイント上昇している[2]。しかしながら，障害者と非障害者の就学率の差は依然として残る。たとえば2014年に実施された標本調査（Social and Rural Research Institute 2014）では，全国6～13歳の3.0％が就学していなかったが，障害者では28.1％，とりわけ重複障害者では44.1％と極めて高いことが明らかにされている。最新（2011年）のセンサスでも障害者（6～14歳）の就学率は70.9％だったのに対し，同年齢全人口の就学率は81.7％である。インドで就学率の低い社会階層とみなされるヒンドゥー教の不可触民にほぼ該当する指定カースト（Scheduled Castes: SC）80.5％，独自の文化や言語をもち，経済社会的に後進的とみなされる指定部族（Scheduled Tribes: ST）77.1％と比較しても障害者の就学率は低水準にとどまっていることがわかる。

　年齢別にみると5，6歳の就学率は障害の有無に関係なく低水準であるが，その後義務教育年齢をとおして非障害者の就学率は常に障害者の就学率を上

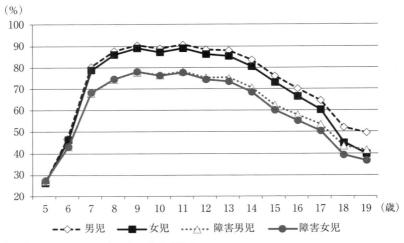

図4-1 年齢別就学率

(出所) Census of India (2011) より筆者作成。
(注) 就学とは現在教育機関に通学していることと定義される。

回っている。(図4-1)。全体の就学トレンドをみると男児が女児を上回っており，年齢が上がり就学率が下がるほど男女格差が拡大する。しかし障害児の場合，5歳から9歳までは女児の就学率の方がわずかに高く，10歳から13歳までは男児が女児を上回るが，1ポイント以下の差である。その後，全体の就学のトレンドと同様，年齢の上昇とともに男女の就学差がみられるが，17歳以上の高等教育就学年齢での格差は全児童ほど大きくない。

障害児のなかでも障害種別や男女により就学率に違いがみられる (表4-1)。障害種別では視覚障害，聴覚障害，肢体不自由に比べ，知的障害，精神障害，重複障害で著しく低くなる。これはインドの学校教育では学力が重視され，障害者の就学支援や進学にあたってしばしばIQテストが行われるためである。すべての障害種別において男児の就学率は女児をわずかに上回っているが，6〜14歳の障害児の就学率は，女児が男児をわずかに上回っている (表4-1)。しかし女児の障害種別の人数を足し上げても合計数には一致しないなど，センサス・データの整合性に問題がない訳ではない。

表4-1　障害種別・性別就学率（6〜14歳）

	人数（人）		就学率（％）	
	男児	女児	男児	女児
視覚障害	374,106	323,883	78.80	76.76
聴覚障害	412,211	370,250	76.96	75.12
言語障害	229,674	173,961	69.41	68.10
肢体不自由	286,829	184,241	72.03	69.65
精神障害	39,955	28,068	59.88	58.30
知的障害	190,832	136,641	47.12	45.08
その他	425,241	36,629	80.33	79.37
重複障害	219,990	149,891	44.17	44.13
障害児合計	2,178,838	1,733,164	70.14	70.55

（出所）　図4-1に同じ。
（注）　女児の障害種別人数を足し上げても合計数に一致しない。

表4-2　学校種別の学校数および生徒数（1〜8年生）

	学校数	（％）	全生徒数	（％）	障害児数	（％）
公立校[1]	1,075,524	74.39	117,117,775	59.58	1,841,321	79.44
私立校[2]	328,826	22.74	72,723,923	37.00	429,859	18.55
その他[3]	41,414	2.86	6,716,644	3.42	46,595	2.01
合計	1,445,764	100.00	196,558,342	100.00	2,317,775	100.00

（出所）　District Information System for Education 2013-14より算出。
（注）　1）公立校には中央政府学校を含まない。
　　　 2）私立校には無認可校を含まない。
　　　 3）その他は中央政府学校，無認可校，マドラサ（認可，無認可を問わない）。

　障害者の教育の特徴としては，公立校就学者が多いことが挙げられる。近年，インドでは上位経済社会階層を中心に公立校離れの傾向が顕著にみられる（辻田 2017）。義務教育に該当する学年（1〜8年生）をもつ全国の学校に関するデータ（表4-2）からは，全学校数において公立校が74.4％を占めるのに対し，生徒数では約60.0％を占めるにすぎないことが示される。しかし障害児だけに絞ると，約79.4％が公立校に在籍している。中央政府の障害児に対する奨学金などの支援はおもに障害児の在籍する学校を通じて行われており，障害児家庭の経済力だけでなく，公立校の方が公的支援を受けるのに有利とみられているためであろう。

(2) 障害児の支援に関する先行研究[3]

　サラマンカ宣言で採択されたインクルーシブ教育は，学習カリキュラム，教授法，学級運営といった教育の質のみならず，学校教育の在り方を根源的に問うものであった。しかし，インドでは国際社会から持ち込まれた概念である「インクルーシブ教育」への理解は遅れ，とりわけ教育の質について問われることはなかった（NCERT 2006）。インクルーシブ教育とはしばしば障害児の就学を促進することと理解されてきたのである（Kalyanpur 2008）。首都デリーの調査では，公立校校長の41％，私立校校長の51％しか「インクルーシブ教育」という概念を聞いたことがなかったという（Jha 2006）。インドでは障害児の受け入れに積極的な普通学校でも障害児を非障害児から分離する学校が多い。例外的にデリーで障害者を積極的に受け入れる普通学校11校での調査では，障害児がいても教授法は障害児がいない時とほとんど変わらない状況が観察されている（Singal 2008）。普通学級で学ぶ障害児は障害の程度が軽く，一定のIQをもつ子どもが慎重に選抜されていると考えられ，障害児を受け入れても教育法を変える必要がないように配慮されているとみられる。

　普通学校での障害児の学習環境の整備が進まない要因のひとつとして，校長，教員，非障害者の親のあいだに普通学校での障害児教育は困難であるという強い先入観や偏見があることが挙げられる（Alur and Bach 2010）。適切な教員訓練が行われていないため，障害児の普通学校での教育に否定的な見解をもつ教員（Sharma, Moore, and Sonawane 2009）や，専門的な資格をもつ教員が障害児教育を行うべきという考え方が強く残る（Singal 2008）。公立校教員を対象に実施された調査によると，障害児の受け入れに当たって最も懸念されているのは学校設備，財源，人的支援である（Shah et al. 2013）。実際，普通学校での障害児の教育に対して十分に学習支援が行われているわけではない。農村部での調査では，車いす，杖，補聴器などの無料の補助器具，教材，奨学金ともに受益者が非常に低いことが明らかにされている（World Bank 2007）。そもそも障害者用の教材（たとえば点字教科書や補助教材）は不足し

ており（All India Confederation of the Blind 2009），障害児は非障害児の参加する課外活動にはほとんど参加していない（Mukhopadhyay 2009），という現実も浮かび上がる。

以上をまとめると，インドの障害児教育を取り巻く政策，法律の整備は徐々に進み，就学率についても改善している。一方で障害児が地域の普通学校で学習を続けるための支援が十分になされているわけではないのも現状である。こうした状況をふまえたうえで，障害児の就学を妨げる要因について次節で検証する。

第2節　障害児の就学――2002年全国標本調査の分析――

1．インドにおける障害者データの概要

インドにおける障害に関する統計には10年に一度実施されるセンサスと，ほぼ10年に一度実施されてきた全国標本調査がある。

インドのセンサスは1947年独立以前の英領時代から実施されており，障害に関する調査項目については1887年から1931年までのセンサスに含まれていた。しかし，その後の1941年から1971年までは調査対象となっていない。1981年センサスで独立後初めて3種類の障害について調査されたが，1991年には再び調査項目から除外されている。その後2001年センサスで5種類の障害についての調査項目が復活し，2011年センサスで8種類に拡大された。過去のセンサスでは不規則かつ異なる定義を用いて障害に関する調査が行われてきたため，センサス・データから障害に関するさまざまな側面の長期トレンドを分析することは難しい状況にある。また近年，センサス・データの個票が一部公開されることになったが，執筆時点では，それを得ることは容易ではない。

一方，全国標本調査の障害者に関するラウンドは，過去3回（1981年，

1991年,2002年)実施されている。そのうち個票が一般に入手可能なかたちで公開されているのは1991年,2002年のラウンドである。以下では,2002年のデータを用いて分析を行う。

2. 就学に関する分析

2002年全国標本調査障害者ラウンドでは非障害者に関する調査項目がかなり限定される(章末参考資料1)。そのため,このデータを用いて障害者と非障害者の就学状況を比較することはできない。本書のフィリピン(第5章)での分析のように障害者とその兄弟姉妹の非障害者を比較することも困難である。

本調査での就学とは,子どもが学校に登録したことがあるか,現在も登録しているかを質問しており,実際に通学しているかどうかは定かではない。インドでは学校に登録していることと定期的に通学していることは必ずしも同一ではないが,通学の実態を把握するのは容易ではなくデータもない現状では,登録に関するデータ分析でも障害者の就学に関する分析として十分に意味があるという点を強調しておきたい。

先行研究では,インドの就学や受けられる教育の質については,地域,ジェンダー,宗教,カースト,経済力による大きな格差が存在することが指摘されてきた(たとえば,Drèze and Kingdon 2001; Borooah and Iyer 2005; Bhalotra and Zamora 2010)。近年,就学率の改善とともに状況は徐々に変化しているものの,農村部,女児,ムスリム,低カースト層,後進地域の子どもたちは就学に不利な状況が長く続いてきたのである。このようなインド全体の就学に関する傾向が,障害児にも該当するのかについては既存の研究では検証されていない。そこで本章では経済的,社会的に教育普及の遅れが指摘される階層の就学を中心に分析する。

全国標本調査の就学に関する質問は障害をもつ5〜18歳を対象に実施されているが,本分析では義務教育年齢に該当する6〜14歳の障害者の就学につ

いて検証する。次の被説明変数と説明変数を用いて就学確率のプロビット関数を推計した。就学に関する被説明変数は次のダミー変数である。

(1) 普通学校または特別支援学校への登録経験があれば1，登録経験がなければ0
(2) 現在普通学校または特別支援学校に現在登録していれば1，登録していなければ0，である。

説明変数は，

(1) 居住地域（都市・農村）
(2) 1人1カ月当たり消費支出（対数）
(3) カースト（指定カースト・部族，後進諸階級，ジェネラル・カースト）
(4) 年齢
(5) 性別（男女）
(6) 性別とカーストの交差項（指定カースト・部族女児，後進諸階級女児）
(7) 障害種別（知的・精神障害，視覚障害，聴覚障害，言語障害，肢体不自由，重複障害）
(8) 先天性の障害か
(9) 家計における障害者数
(10) 障害者の居住する州

である[4]。

1人1カ月当たり消費支出，年齢，家計における障害者数を除く変数はダミー変数である。農村，低所得層，低カースト層，低年齢層，女児の就学確率は低いことが予想される。障害種別では知的・精神障害であることは就学にマイナスであり，先天性の障害をもつことは，就学時点で障害をもってい

表4-3　記述統計量

変数	平均	標準偏差	最少	最大
登録経験	0.6170	0.4862	0	1
現在の登録	0.4466	0.4972	0	1
農村部	0.6891	0.4629	0	1
1人1カ月当たり消費支出	6.0550	0.4967	−2.0794	8.6995
指定カースト・部族	0.3175	0.4655	0	1
後進諸階級	0.3902	0.4878	0	1
ジェネラル・カースト	0.2918	0.4546	0	1
年齢	10.2720	2.5262	6	14
女児	0.3955	0.4890	0	1
女児 SCST	0.1305	0.3368	0	1
女児 OBC	0.1516	0.3586	0	1
女児ジェネラル・カースト	0.1133	0.3169	0	1
知的・精神障害	0.1283	0.3344	0	1
視覚障害	0.0468	0.2113	0	1
聴覚障害	0.0477	0.2132	0	1
言語障害	0.1066	0.3087	0	1
肢体不自由	0.5107	0.4999	0	1
重複障害	0.1598	0.3664	0	1
先天的障害	0.3691	0.4826	0	1
障害者数	1.1609	0.4493	1	6

（出所）　NSS 2002 58th round schedule 26 unit level data より筆者推計。
（注）　標本数は12,210。

ることであり，家族に障害者がいることを隠そうとするインドの状況から考えると就学を阻害する要因になり得る。家計における障害者の数は障害児の数が多いほど子どもの教育に対して保守的，否定的であり子どもを就学させない可能性もあるが，逆に親が子どもに教育を受けさせる重要性やベネフィットを理解しており，ほかの障害をもつ兄弟姉妹とともに学校に送り出される可能性もある。

　表4-3に推計に用いる記述統計量を示した。障害種別の内訳は，肢体不自由51.1％，知的・精神障害12.8％，聴覚・視覚・言語障害者20.1％である。本調査（全年齢）では肢体不自由（1063万40000人）が全障害者の57.5％を占めると推計されている。しかし，センサスでの肢体不自由は全障害者の

27.9％（2001年センサス），20.3％（2011年センサス）を占めるにすぎない。したがって，肢体不自由の標本が過大に抽出されている可能性がある。宗教に関する調査はなされていないが，カースト別では指定カースト・部族が31.8％を占めている。この数字はセンサス（2001年24.4％，2011年25.2％）における同カーストの全人口比を上回っている。

3．推計結果

表4-4は学校への登録経験，表4-5は現在の学校への登録状況に関する推計結果を示している。登録経験では，農村部の障害児は学校への登録に不利な状況にある[5]。そのような傾向は男女，全カースト・グループに共通してみられる。農村部の普通学校では障害児の就学に対する差別や偏見が都市部よりもより強く残されているだけでなく，特別支援学校や障害者の就学支援団体，NGOなどの大半が都市部に存在するからであろう。他方で，現在の就学に関して農村部の障害児の就学確率が低いという結果は得られなかった。本調査は学校への「登録」について尋ねている。SSAなどの障害児への公的支援は学校を通じて支給されるため，学校にとって一度登録された障害児を除籍にする積極的な理由は見当たらない。また，障害児の側にとってもたとえ定期的に通学しなくとも除籍の手続きをする親はほとんどいないであろう。

経済力のある家計の子どもほど就学の確率がやや高くなる傾向がみられる。とくに，カースト別では指定カースト・部族で統計的に10％水準で有意であった。障害をもつ低カースト層は低所得層になるほど就学のために超えなければならないハードルが高くなるのである。

先行研究では男児に比べて女児の教育普及は遅れてきたことが指摘されてきた。しかし障害をもつ女児は男児よりも3.8パーセントポイント就学確率（学校への登録経験）が高くなる。それをカースト別でみると，ジェネラル・カースト（上位カースト）にだけみられる現象である。伝統的にインドでは

子どもを結婚させるのは親の責務であり、とくに娘を未婚のまま家においておくことは家の恥と考えられてきた。障害をもつ娘は結婚において不利になる。しかし、障害をもっていても教育を受けさせれば見合い結婚市場においての娘の価値が高まる、という女児の就学への動機が上位カースト層にはより強くあると考えられる。

こうしたジェネラル・カーストとは対照的に、女児のなかでも後進諸階級や指定カースト・部族は就学確率が低くなる。とくに女児のサンプルだけに絞ると就学経験だけでなく、現在の就学においてもカーストがマイナスの影響を与えていることがわかる。女児の就学を取り巻く環境はカーストによって大きく異なるのである。

先天性の障害をもっているかどうかは就学にマイナスとなる。とくに、先天性の障害をもつ女児はそうでない児童よりも3.0パーセントポイント学校への登録経験の確率が下がるのに対し（表4-4）、先天性の障害をもつ男児はそうでない児童よりも現在の就学の可能性が2.3パーセントポイント低くなる（表4-5）。したがって、先天的な障害を女児がもっている場合には学校に登録すらされないが、男児の場合は継続的な登録が困難であることがうかがえる。カースト別では指定カースト・部族で先天性の障害をもっていると学校への登録5.6パーセントポイント、現在の就学3.9パーセントポイントと大きくその確率が下がる。障害種別では重複障害の就学（登録、現在の就学）にマイナスの影響がみられることから（推計結果の表示省略）、先天的な障害をもつことは親に障害児の教育を諦めさせるだけでなく、先天的に重複障害をもつ児童を受け入れる学校を探すのが容易ではないためと考えられる。

家計における障害者の数は就学にプラスの要因となり得る。障害種別では知的・精神障害で登録経験、現在の登録の両方および肢体不自由の現在の登録に統計的に優位であった（推計結果は省略）。とくに肢体不自由は、ほかの障害をもつ兄弟姉妹（がいれば）とともにバリアフリーなど障害児が学習するための環境の整っている学校に送り出されている可能性がある。

表4-4 学校への登録経験に関する推計結果（限界効果）

	全障害児	男児	女児	指定カースト・部族	後進諸階級	ジェネラル・カースト
農村部	-0.0449***	-0.0366***	-0.0561***	-0.0667***	-0.0404**	-0.0379*
	(0.0114)	(0.0148)	(0.0180)	(0.0219)	(0.0182)	(0.0201)
1人1カ月当たり消費支出	0.0203*	0.0162	0.0281	0.0362*	0.0159	0.0080
	(0.0115)	(0.0149)	(0.0184)	(0.0209)	(0.0199)	(0.0202)
基準カテゴリー＝ジェネラルカースト						
指定カースト・部族	0.0001	0.0028	-0.0480**			
	(0.0164)	(0.0168)	(0.0213)			
後進諸階級	0.0010	0.0028	-0.0541***			
	(0.0157)	(0.0162)	(0.0209)			
女性	0.0384**			-0.0043	-0.0138	0.0388**
	(0.0181)			(0.0174)	(0.0155)	(0.0178)
女性＊指定カースト・部族	-0.0445*					
	(0.0256)					
女性＊後進諸階級	-0.0521**					
	(0.0244)					
年齢	0.0007	0.0009	0.0004	0.0048	-0.0006	-0.0027
	(0.0019)	(0.0025)	(0.0030)	(0.0035)	(0.0030)	(0.0035)
基準カテゴリー＝肢体不自由						
精神・知的障害	0.0081	0.0157	-0.0022	0.0552**	-0.0290	0.0051
	(0.0150)	(0.0188)	(0.0252)	(0.0273)	(0.0248)	(0.0264)
視覚障害	0.0038	0.0011	0.0048	-0.0379	0.0332	0.0145
	(0.0227)	(0.0308)	(0.0338)	(0.0394)	(0.0393)	(0.0402)
聴覚障害	-0.0242	-0.0236	-0.0236	0.0157	-0.0460	-0.0426
	(0.0231)	(0.0310)	(0.0346)	(0.0359)	(0.0400)	(0.0466)
言語障害	-0.0003	0.0028	-0.0046	-0.0062	-0.0246	0.0313
	(0.0162)	(0.0205)	(0.0266)	(0.0294)	(0.0264)	(0.0290)
重複障害	-0.0098	-0.0088	-0.0117	-0.0143	-0.0399*	0.0380
	(0.0140)	(0.0181)	(0.0221)	(0.0265)	(0.0221)	(0.0246)
先天性障害	-0.0181*	-0.0105	-0.0297*	-0.0557***	0.0052	-0.0030
	(0.0098)	(0.0126)	(0.0157)	(0.0178)	(0.0157)	(0.0179)
障害者数	0.0206*	0.0174	0.0236	0.0309	0.0382**	-0.0042
	(0.0107)	(0.0141)	(0.0165)	(0.0211)	(0.0170)	(0.0182)
疑似決定係数	0.0300	0.0238	0.0454	0.0440	0.0347	0.0298
標本数	10,850	6,570	4,280	3,410	4,293	3,132

(出所) 表4-3に同じ。
(注) カッコ内の数値は頑強標準偏差。***1％水準，**5％水準，*10％水準で統計的に有意。
州ダミーもすべてのモデルに含まれるが本表からは省略されている。ダミー変数の限界効果は，説明変数の0から1への変化による就学確率の推計変化値。

表4-5　現在の登録に関する推計結果（限界効果）

	全障害児	男児	女児	指定カースト・部族	後進諸階級	ジェネラル・カースト
農村部	0.0168	0.0180	0.0159	-0.0273	0.0434**	0.0099
	(0.0120)	(0.0156)	(0.0190)	(0.0232)	(0.0191)	(0.0214)
1人1カ月当たり消費支出	0.0116	0.0152	0.0075	0.0374*	0.0104	-0.0197
	(0.0119)	(0.0153)	(0.0187)	(0.0220)	(0.0204)	(0.0211)
基準カテゴリー＝ジェネラルカースト						
指定カースト・部族	-0.0239	-0.0148	-0.0578***			
	(0.0169)	(0.0174)	(0.0215)			
後進諸階級	-0.0135	-0.0084	-0.0647***			
	(0.0161)	(0.0166)	(0.0211)			
女性	0.0251			0.0057	-0.0176	0.0240
	(0.0186)			(0.0178)	(0.0159)	(0.0188)
女性＊指定カースト・部族	-0.0203					
	(0.0255)					
女性＊後進諸階級	-0.0420*					
	(0.0241)					
年齢	-0.0003	-0.0007	0.0002	0.0022	-0.0025	-0.0001
	(0.0020)	(0.0025)	(0.0031)	(0.0035)	(0.0031)	(0.0037)
基準カテゴリー＝肢体不自由						
精神・知的障害	-0.0092	-0.0132	-0.0031	0.0335	-0.0423*	-0.0061
	(0.0155)	(0.0194)	(0.0260)	(0.0288)	(0.0249)	(0.0277)
視覚障害	0.0246	0.0275	0.0248	-0.0626	0.0974	0.0470
	(0.0235)	(0.0317)	(0.0354)	(0.0384)	(0.0414)	(0.0428)
聴覚障害	-0.0284	-0.0345	-0.0170	-0.0184	-0.0410	-0.0631
	(0.0235)	(0.0314)	(0.0356)	(0.0377)	(0.0396)	(0.0468)
言語障害	0.0000	-0.0095	0.0154	-0.0103	-0.0242	0.0394
	(0.0168)	(0.0212)	(0.0276)	(0.0300)	(0.0268)	(0.0312)
重複障害	-0.0072	-0.0126	-0.0020	-0.0017	-0.0470**	0.0445*
	(0.0143)	(0.0185)	(0.0227)	(0.0270)	(0.0221)	(0.0265)
先天性障害	-0.0222**	-0.0225*	-0.0203	-0.0385**	-0.0167	-0.0092
	(0.0101)	(0.0130)	(0.0162)	(0.0181)	(0.0162)	(0.0189)
障害者数	0.0185	0.0168	0.0215	0.0417**	0.0331*	-0.0170
	(0.0108)	(0.0143)	(0.0167)	(0.0211)	(0.0169)	(0.0191)
疑似決定係数	0.0161	0.0137	0.0248	0.0269	0.0195	0.0227
標本数	10,581	6,427	4,150	3,335	4,189	3,044

（出所）　表4-3に同じ。
（注）　表4-4に同じ。

4．就学していない理由

　全国標本調査では，障害児が登録していない理由についても調査している。普通学校からドロップアウトした（登録したことがあるが現在は在籍していない）障害者にそれは障害事由によるものかを尋ねている。男女ともに障害と回答したのは現在登録していない障害児の43％（全障害児の6.2％）であった（図4-2）。すなわち，障害児は必ずしも障害をもつがゆえにドロップアウトしているとは限らないのである。さらに同調査では現在普通学校に通学していない児童を対象に，特別支援学校への登録経験について尋ね，同校への登録のない場合にはその理由を聞いている（図4-2中Aに該当）。やはり男女ともに障害（男児36.5％，女児37.9％）が最大の理由として挙げられているものの，学校に関する情報の不足（男児17.2％，女児16.4％），親の無関心（男児13.6％，女児15.7％）も少なくない（表4-6）。とくに，女児の方が親の教育に対する無関心が高い傾向がみられる。カースト別（表省略）では男女ともジェネラル・カーストで学校に関する情報の不足という理由が多く，ほかのカーストと比較すると障害理由がやや少なくなる。

　特別支援学校への登録経験のある児童には，現在同学校に継続して登録しているかを尋ね，継続していない場合にはその理由を尋ねている（図4-2中Bに該当）。現在継続していない場合，障害が男女とも最大の理由として挙げられている（男児28.1％，女児21.6％）。しかし障害だけが特別支援学校からのドロップアウトの理由ではない。たとえば，女児では特別支援学校への距離や教育費負担以外の経済的な理由も挙げられている（表4-7）。カースト別（表省略）では男女ともにジェネラル・カーストでの障害事由がほかのカーストに比べて少ない。また女児をカースト別にみると（表省略），ジェネラル・カーストでは学校への距離，経済的理由，指定カーストでは障害，親の無関心がおもな理由として挙げられている。

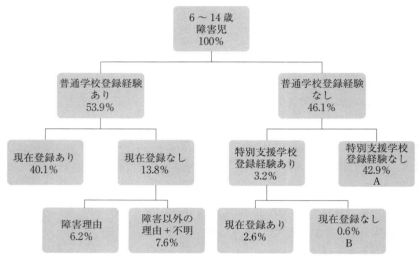

図4-2　障害児の就学状況（6〜14歳）

（出所）　表4-3に同じ。
（注）　数字は全障害児に占める各カテゴリーのシェア。

表4-6　現在いかなる学校にも登録していない理由（6〜14歳）

	男児		女児	
	人数	(％)	人数	(％)
障害	289,124	36.54	199,920	37.90
学校に関する情報の不足	136,434	17.24	86,383	16.38
親の教育に対する無関心	107,594	13.60	83,024	15.74
学校が遠い	57,124	7.22	31,670	6.00
教育費	42,239	5.34	24,636	4.67
その他の経済的な理由	36,378	4.60	22,429	4.25
経済活動	22,005	2.78	13,390	2.54
入学許可を得られない	6,297	0.80	4,446	0.84
家事	3,979	0.50	4,804	0.91
その他	90,050	11.38	56,769	10.76
合計	791,224	100.00	527,471	100.00

（出所）　表4-3に同じ。

表4-7 特別支援学校からのドロップアウトの理由（6〜14歳）

	男児		女児	
	人数	（％）	人数	（％）
障害	3,523	28.09	2,342	21.59
学校が遠い	1,326	10.57	2,216	20.43
その他の経済的理由	822	6.56	2,080	19.17
親の教育に対する無関心	1,485	11.84	705	6.50
教育費	271	2.16	331	3.05
家事	335	2.67	138	1.27
経済活動	134	1.07	12	0.11
その他	4,306	34.34	3,024	27.88
不明	338	2.70	0	0.00
合計	12,540	100.00	10,848	100.00

（出所）表4-3に同じ。

おわりに

　本章では，インドの障害児教育に関する政策や法律の整備が徐々に進み，非障害児との差が依然としてみられるものの，就学率の改善がみられること，しかし同時に，障害児が地域の普通学校で学習を続けるような支援が障害児にも学校，教員にも十分になされていないことを概説した。それをふまえたうえで，障害児の義務教育普遍化を妨げるのはどのような経済，社会的な要因であるのかを検討した。

　インドの就学に関する先行研究では地域，ジェンダー，宗教，カースト，経済力により大きな就学格差が存在することが指摘されてきた。本章の障害児に関する分析では，伝統的に教育普及の遅れる農村部，低所得層は就学に不利な傾向がみられたが，女児や低カースト層はそうした結果は得られなかった。しかし低カースト層では経済力と就学のゆるやかな相関関係がみられる。また，女児のなかでもカースト間の差は大きく，低カースト層では就学確率が低くなる。すなわち，低カーストであること自体は就学に不利ではないが，それに女児，低所得，先天性の障害をもつことのいずれかが加わる

と，就学に不利になることが示唆される。

　障害は就学していない唯一の理由ではないことも指摘した。親の教育に対する無関心や学校に関する情報の不足，経済的な理由なども挙げられている。したがって，親への障害児教育に対する啓蒙活動，具体的な学校に関する情報の提供などが障害児の就学に有効であろう。遠隔地に住む児童，とくに女児には安心して通学できるような送迎サービスや寄宿舎の提供も急務である。また，公立校における奨学金などの就学支援は必ずしも障害児に直接届いていないと指摘されていることから，支援をタイムリーに障害児に届ける仕組みを構築する必要があろう。

　本章で指摘したとおり，障害児を含むすべての子どもの教育を受ける権利を保証する法律が近年施行された。しかし，筆者の学校現場や障害児家計への調査から，それは必ずしも遵守されておらず，本章の先行研究で指摘されるような現実が依然として続いていることが観察された。教育現場での教員の障害児教育への理解を深め，学級運営を変えるのにはインド社会全体の息の長い取り組みが必要とされるであろう。

〔注〕
(1) 腕の切断であれば肩の部分での切断が90％，肘の部分での切断が75％など，障害の程度が重くなるほどパーセンテージが高くなる。障害の内容ごとにパーセンテージについては詳細に定められている（浅野 2010, 179）。
(2) 2001年センサスの就学率に関する数値は *Economic Times*, 31st October 2016からの引用である。
(3) 本項は，辻田（2011）に新たな文献を補足して再構したものである。
(4) 本調査には障害の程度に関するセルフ・ケアに関する質問もある。しかし，①補助機具なしにセルフ・ケア可能，②補助機具があればセルフ・ケア不可能，③補助機具があってもセルフ・ケア不可能，④補助機具が利用できない，または利用したことがない，の回答のうち，4番目の回答が一定程度あったため本章の分析では使用しない。また，4番目の回答を規定値として先天性の障害の代わりに説明変数として分析したが，いずれの推計でも統計的に有意ではなかった。
(5) 全国標本調査教育ラウンド・データを使用して次の分析を行った。6〜14

歳の現在の就学状況（就学していれば1，就学していなければ0）を被説明変数，農村，年齢，女児，指定カースト・部族，後進諸階級*，ムスリム*，クリスチャン*，その他宗教*，1人1カ月当たり消費支出，前期初等学校までの距離，後期初等教育学校までの距離*，を説明変数（*は2007～2008年ラウンドのみ利用可能な変数）としてプロビット関数を推計したところ，1995～1996年ラウンドでは農村変数は統計的に有意にマイナスだったのに対し，2007～2008年ラウンドでは統計的に有意ではなかった。したがって，1990年代中盤時点では障害の有無にかかわらず農村部に住む子どもは就学に不利な状況にあったが，2000年代後半にはそうした状況ではないとみられる。

〔参考文献〕

<日本語文献>

浅野宣之 2010.「インドにおける障害者の法的権利の確立」小林昌之編『アジア諸国の障害者法――法的権利の確立と課題――』アジア経済研究所 149-182.

辻田祐子 2011.「インドの障害児教育の可能性――『インクルーシブ教育』に向けた現状と課題――」森壮也編『南アジアの障害当事者と障害者政策――障害と開発の視点から――』アジア経済研究所 57-87.

――― 2017.「公立校における義務教育――基礎教育普遍化と私立校台頭のはざまで――」佐藤創・太田仁志編『インドの公共サービス』アジア経済研究所 165-201.

<英語文献>

All India Confederation of the Blind 2009. "Assessment of Blindness Compensatory Skills among Visually Impaired Studies of Classes 4 & 5 in Government Schools under SSA: A Research Study," Sponsored by the Asian Blind Union, mimeo.

Alur, M., and M. Bach 2010. *The Journey for Inclusive Education in the Indian Sub-Continent*, New York and Abingdon: Routledge.

Bhalotra, Sonia, and B. Zamora 2010. "Social Divisions in Education in India," In *Handbook of Muslims in India: Empirical and Policy Perspectives*, edited by R. Basant, and A. Shariff, New Delhi: Oxford University Press, 165-195.

Borooah, V. K., and S. Iyer 2005. "Vidya, Veda and Varna: The Influence of Religion and Caste on Education in Rural India," *Journal of Development Studies*, 41 (8) November: 1369-1404.

Drèze, J., and G. G. Kingdon 2001. "School Participation in Rural India," *Review of Development Economics*, 5 (1) February: 1-24.

Erb, S., and B. Harris-White 2002. *Outcast from Social Welfare: Adult Disability, Incapacity and Development in Rural South India*, Bangalore: Books for Change.

Filmer, D. 2008. "Disability, Poverty, and Schooling in Developing Countries: Results from 14 Household Surveys," *World Bank Economic Review*, 22 (1) January: 141-163.

GOI (Government of India) 2016. *National Policy on Education 2016: Report of the Committee for Evolution of the New Education Policy*, Ministry of Human Resource Development (http://www.nuepa.org/New/download/NEP2016/ReportNEP.pdf, 2016年12月27日アクセス).

GOI, Ministry of Human Resource Development undated n.d. "Status of Education in India: National Report," prepared by National University of Educational Planning and Administration, mimeo.

Jha, M. M. 2006. "Inclusive Education in the Context of Common Schools: A Question of Equity, Social Justice and School Reforms," In *The Crisis of Elementary Education in India*, edited by R. Kumar, New Delhi: Sage.

Kalyanpur, M. 2008. "Equality, Quality and Quantity: Challenges in Inclusive Education Policy and Service Provision in India," *International Journal of Inclusive Education*, 12 (3) May: 243-262.

Miles, S., and N. Singal 2010. "The Education for All and Inclusive Education Debate: Conflict, Contradiction or Opportunity?," *International Journal of Inclusive Education*, 14 (1) February: 1-15.

Mukhopadhyay, S. 2009. "Children with Disabilities," In *Concerns, Conflicts, and Cohesions: Universalization of Elementary Education in India*, edited by P. Rustagi, New Delhi: Oxford University Press.

NCERT (National Council of Educational Research and Training) 2006. *Position Paper: National Focus Group on Education of Children with Special Needs*, First edition.

SSA (Sarva Shiksha Abhiyan) 2016. *Confluence: Curricular Adaptations for Children with Special Needs*, New Delhi: Ministry of Human Resource Development.

Shah, Rina, Ajay Das, Ishwar Desai, and Ashwini Tiwali 2013. "Teachers' Concerns about Inclusive Education in Ahmedabad, India," *Journal of Research in Special Educational Needs*, 16 (1) January: 34-45.

Sharma, U., D. Moore, and S. Sonawane 2009. "Attitudes and Concerns of Pre-service Teachers Regarding Inclusion of Students with Disabilities into Regular Schools in Pune, India," *Asia-Pacific Journal of Teacher Education*, 37 (3) July: 319-331.

Singal, N. 2008. "Working towards Inclusion: Reflections from the Classroom," *Teaching and Teacher Education*, 24 (6) August: 1516-1529.

Social and Rural Research Institute 2014. *National Sample Survey of Estimation of Out-*

of-School Children in the Age 6-13 in India: Draft Report with Social and Rural Research Institute (A Specialist Unit of IMRB International – a division of M/S Hindustan Thompson Associates) with Technical Guidance from Research Evaluation and Studies Unit of Technical Support Group for SSA, Education Consultants India Ltd (EdCIL). (http://ssa.nic.in/pabminutes-documents/NS.pdf, 2016年12月27日アクセス).

UNESCO 2015. *Education for All 2000-2015: Achievement and Challenges*, Paris: UNESCO.

UNICEF 2013. *Children and Young People with Disabilities Fact Sheet*, May.

World Bank 2007. *People with Disabilities in India: from Commitments to Outcomes*, Human Development Unit and South Asia Region, Washington D.C.: World Bank.

章末参考資料1：2002年全国標本調査障害者ラウンド調査票
（下線は障害者のみ対象の質問項目）

ブロック1，2：
　サンプル世帯に関する標本抽出の際の情報

ブロック3：
　世帯の特徴：人数，カースト分類，主たる稼ぎ手の職業および教育水準，土地，1カ月当たり平均支出，障害者の数

ブロック4：
　家計構成員に関する情報：世帯主との関係，性別，年齢，婚姻状況，障害の有無，<u>障害の程度，先天性の障害か，</u>居住状況，学歴，正規の職業訓練への参加，補助や支援の有無，経済活動，<u>障害を負う前の就職状況，障害による転職，職の損失の有無</u>

ブロック5：
　<u>障害の種類，先天性の障害か，後天性の場合の障害を負った年齢，過去1年以内か，精神障害の場合には他の子どもと比較して座る，歩く，話す動作が遅かったか，障害を負った原因，障害を負った場所，障害の治療を行っているか，補助器具などの使用を薦められているか，どのような補助器具を，どのように入手したのか，常時使用しているか，使用していない場合の理由，補助器具を未入手の場合の理由</u>

セクション6（5〜18歳のみ対象）：
　<u>就学前教育の有無，普通学校就学経験の有無と現在の就学状況，障害事由の不就学か，特別支援学校への就学経験の有無と現在の就学状況，不就学の理由</u>

第5章

フィリピンの障害女性・障害児の教育についての実証分析

森　壮也・山形　辰史

はじめに

　フィリピンは，女性のマグナカルタや大統領府女性委員会といった同国政府による精力的な取り組みの結果を反映して，アジアでも最もジェンダー平等が進んだ国と認識されている。このような国民全体のジェンダー平等の進展にもかかわらず障害女性[1]は，森・山形（2013）や森（2017）が詳しく論じているように，障害男性よりも教育面でも所得面でも劣位におかれている。フィリピンにおいてはいまだに，男女を問わず，障害者全体についての課題が大きい。しかし，障害女性が直面する課題は障害男性よりも大きいため，障害者全体や女性全体に対する取り組みだけで解消するとは考えられない。このことから本章では，障害女性を分析対象として取り上げている。

　フィリピン障害女性の社会進出は，それが最も進んでいるとされるマニラ首都圏においても限定的である。筆者らの2008年の調査によれば，「男性の経済活動従事比率が57.0％であるのに対して，女性の率は39.6％」であった（森・山形 2013, 102）。17.4ポイントもの差は，障害者のなかでも男女間の格差がかなり大きいことを示している。障害者の男女格差は，教育の収益率にも表れていた。ミンサー方程式を用いて，障害の種別や年齢，居住地などをコントロールしても，障害者の場合，「女性の所得が男性の所得の約3分の

1というような大きな格差」として，より具体的に検出された（森・山形 2013, 125）[(2)]。このように，障害女性の経済活動への参加の度合いが低いことが実証的に確認できた。アジア諸国のなかで，男女間の社会・政治・経済的な格差が比較的小さいとみなされているフィリピンにおいて，障害女性に関してはなぜ障害男性とのあいだの経済格差が依然として残っているのだろうか。それを本章では，最大の解明すべき課題として考えることにする。

　ここで既存研究と本章の分析との違いとして指摘しておきたいのは，森・山形（2010; 2013）が分析したのは，15～60歳の経済活動年齢人口に入る障害者のみだったことである。これらの成人障害者のデータから，障害者の未就学に関する問題も明らかとなった。マニラ首都圏においては，全人口における小学校中退以下の比率が17.2%であるのに対し，森・山形（2013）において収集した障害者データにおいては，この値が24.3%にも達していた（森・山形 2013, 94）。この傾向は，農村部が大半を占めるバタンガス州ロザリオ市では顕著であり，半数以上（58.5%）の障害者が小学校すらも修了していない。

　以上の既存研究の限界は，上述のように，障害児を調査対象としていなかったことである。教育の側面により強く光を当てるため，本研究においては障害児を調査対象としている。さらには障害者の家族のなかのジェンダー課題を探求するため，障害女性についてのデータも収集した。後述のように，調査地はフィリピンのセブ島のふたつの地域である。

　この新しいデータを分析することにより，障害女性のエンパワメントと，障害児の教育について，さらなる課題を追求する。障害女性については，男性障害者との経済的格差の意味や背景を探る必要がある。また，障害女性データと障害児データの分析から，障害者全般の低い基礎教育水準の要因を探る。

　本章の構成は以下のとおりである。本章で分析するデータは，2016年に筆者らが，フィリピンの研究機関と実施した障害者生計調査に基づいている。第1節では，その調査地と調査課題について整理する。第2節では，得られたデータについて，ルソン島の農村部と都市部で実施されたデータとの比較

を行うことで，同地域のデータの位置づけとインプリケーションを探る。第3節では，同じデータの分析から，障害女性についてジェンダー的要素と障害要素のどちらがより彼らの教育年数に影響を及ぼしているのかを考察する。そして最後に「おわりに」において，統計を用いた本章での分析全体の結果やその意義について述べる。

第1節　フィリピン中南部ヴィサヤ地方における障害者

　森（2010）および森・山形（2013）の元となった調査は，フィリピン北部のルソン島にある大都市・マニラ首都圏と，島の南部の農村部バタンガス州ロザリオ市で行われた。大都市と農村部を調査したことで，フィリピンの障害者の問題の概況が浮かび上がった。同時に課題として，本章冒頭で述べたような障害女性の実態についての問題意識が生じた。また障害児をもつ家族の家計の問題についても，より明らかにすべき課題が浮かび上がってきた。本節では，それらを見極めていくために，どういった調査がつぎに求められたのかを論じる。

　まず障害女性の問題については，複合性という問題がある。すなわち，障害女性は，障害者という属性による社会的な抑圧と，女性という属性による社会的な抑圧と双方を受けているため，両者の加法的抑圧以上の抑圧を受けているという可能性がある。この複合性は，障害児についても妥当する。障害児の場合には，子どもであるという属性と障害者という属性ゆえの複合性を障害児もこうむっている。しかしながら，こうした複合性を明らかにする作業は単純ではない。これまでの研究で試みたように，障害属性をダミー変数でミンサー方程式に組み込み，その係数を推定することで所得の決定に各要因がどの程度かかわっているのかを分析するという方法が，ひとつの計量経済学的分析手法である。ただし，データの状況によっては，推定値の信頼度が十分ではなくなるケースや，他の所得決定要因との多重共線性の問題な

どを回避しないとならないケースが生じる。これだけでも難しい課題であるが、さらにすでに過去の研究で明らかになったように、データを分析する側で想定していなかった抑圧要因が新たに検出される場合もある。具体的には以下のような場合である。

　フィリピンの伝統的社会については最近のものに限っても多くの研究がある（後藤 2004; 東江 2012; 遠藤 2015）。この伝統的社会の価値観は、現在の法制のなかでも近代法と伝統的な法のアマルガムというかたちで残っているとされる（Agabin 2011）。このような伝統的社会の特性は、時として障害者や女性の自立等には否定的に作用する（Verceles 2014）。たとえば、障害者同士の婚姻率は南部ヴィサヤ地方のダバオ市では、マニラ首都圏よりもはるかに低い[3]。これは、婚姻が親の同意を必要とする傾向が南部ではより強く、職についていない障害者に婚姻を許容しないケースが多くみられることが、聞き取りから明らかになっている。こうした伝統的社会の価値観がフィリピン南部ではより強いとすると、障害女性についてもマニラ首都圏よりも障害女性のおかれた立場はより抑圧的なものであると考えられる。このため、そうした状況を把握するため、本研究においては、フィリピン中南部のヴィサヤ地方での調査を実施した。またそれに先立つ予備調査を行い、ヴィサヤ地方でもセブ州を候補地として選択した。かつてこの地域の政治の中心地でもあったセブはさまざまな意味でマニラに抗する部分を有しており、同地の言語であるセブアーノを核とした強力な言語的アイデンティティをも有する地方である。

1．セブ州の占める位置

　表5-1は、2010年人口センサスに基づいて、フィリピン全土での障害者の男女別地理的分布状況を示したものである。同表によれば、フィリピンの障害者のいる家計は、全国的には全体の1.57％の144万3000人であり、女性はその約半分を占めている。地理的には、西ヴィサヤが1.95％と最も障害者比

率が高くなっており，それに続くのが，ミマロパやビコールの1.85％である。ただ，障害者数では，単一の地域としては，やはりマニラ首都圏が16万7000人と多く，ほかにカラバルゾン地域とコルディリェラ地域といった人口の多い地域内の比率も目立つ。セブのある中部ヴィサヤは，そうした地域よりは少ないが10万9000人の障害者がおり，女性もやはり約半分となっている。

セブ島の人口集中地域については，マンダウェ市，ラプラプ市，タリサイ市などの市町をまとめて，マニラ首都圏に倣って「メトロ・セブ」[4]と呼ぶことがある。このメトロ・セブは，フィリピン第2の都市圏とされており，フィリピン最初の植民都市としてマニラ首都圏よりも古い歴史をもつ (Churchill 1993)。

中部ヴィサヤにおいて，メトロ・セブに加えて，ボホール，ネグロス・オリエンタル，シキホルによって構成するセブ州では，マクタン工業団地を中心とした輸出加工区を除くと，一次産品が主たる生産品である。このほか，同地を特徴づけるのは，ビジネス・プロセッシング・アウトソーシング (BPO) であり，その規模は世界トップ8に位置づけられている[5]。

セブ市を中心に都市化が進んでいる中部ヴィサヤ地方には，2010年国勢調査時で680万人が居住しており，セブ州だけで，同地方の総人口の38.5％を占めている。このうち，メトロ・セブを構成するセブ市，ラプラプ市，マンダウェ市は，それぞれ，同地方の総人口に対する人口比が，12.7％，5.2％，4.9％となっている。同地方の1995年から2010年までの人口変化を示したものが，表5-2である。これらの数値からもメトロ・セブといわれる地域に4割弱の人口が集中していることがわかる。

経済面に目を転じると，表5-1や5-2と同じ2010のGDPデータによると，中部ヴィサヤ地方は2014年において，フィリピン全体のGDP（2000年価格）の6.58％を占め，8318億3300万ペソを生み出している。これは，マニラ首都圏とその周辺地域に次いで高い比率である。また，2010～2014年間の成長率については，マニラ首都圏の45.1％，フィリピン全体の40.4％を凌ぐ54.5％の成長を果たしており，同地域が現在，発展中の地域であることがわかる。

表5-1　2010年人口センサスによる障害者の男女別地理的分布

地方	A. 人口 (単位：千人)			B. 障害者人口 (単位：千人)			障害者比率 (B/A) (単位：%)		
	合計	男性	女性	合計	男性	女性	合計	男性	女性
全国	92,098	46,459	45,639	1,443	734	709	1.57	1.58	1.55
メトロマニラ	11,797	5,781	6,015	167	81	86	1.41	1.4	1.43
コルディリェラ行政地域	1,612	821	791	26	14	13	1.63	1.67	1.59
I-イロコス	4,743	2,392	2,352	78	39	39	1.64	1.61	1.66
II-カガヤン・ヴァレー	3,226	1,645	1,581	56	28	27	1.72	1.72	1.73
III-中部ルソン	10,118	5,104	5,014	139	71	68	1.38	1.4	1.36
IVA-カラバルソン	12,583	6,277	6,306	193	95	97	1.53	1.52	1.54
IVB-ミマロパ	2,732	1,400	1,332	50	26	24	1.85	1.89	1.8
V-ビコール	5,412	2,761	2,651	100	52	48	1.85	1.87	1.83
VI-西ヴィサヤ	7,090	3,598	3,492	138	70	68	1.95	1.94	1.95
VII-中部ヴィサヤ	6,785	3,426	3,358	109	55	53	1.6	1.62	1.58
VIII-東ヴィサヤ	4,090	2,101	1,989	72	37	35	1.75	1.77	1.74
IX-サンボアンガ半島	3,398	1,732	1,666	46	24	22	1.35	1.39	1.31
X-北ミンダナオ	4,285	2,184	2,101	67	35	32	1.56	1.59	1.52
XI-ダヴァオ	4,453	2,279	2,174	71	37	34	1.6	1.63	1.56
XII-ソクサージェン	4,103	2,099	2,004	59	31	28	1.43	1.47	1.38
XII-カラガ	2,425	1,245	1,180	38	20	18	1.58	1.63	1.53
イスラム教徒ミンダナオ自治地域	3,249	1,615	1,634	35	18	17	1.07	1.11	1.03

(出所) *2010 Census of Population and Housing*, Philippine Statistics Authority.

表5-2　中部ヴィサヤ各地方の人口推移と地域的分布

(単位：人)

	1995年	2000年	2007年	2010年	比率（％）(2010年)
VII　中部ヴィサヤ地方	5,014,588	5,706,953	6,398,628	6,800,180	
ボホール	994,440	1,139,130	1,230,110	1,255,128	18.46
セブ州	1,890,357	2,160,569	2,439,005	2,619,362	38.52
セブ市	662,299	718,821	798,809	866,171	12.74
ラプラプ市	173,744	217,019	292,530	350,467	5.15
マンダウェ市	194,745	259,728	318,575	331,320	4.87
ネグロス・オリエンタル	1,025,247	1,130,088	1,231,904	1,286,666	18.92
シキホル	73,756	81,598	87,695	91,066	1.34

(出所)　5-1に同じ。

表5-3　中部ヴィサヤ各地方の貧困線と貧困率

州	2009年		2012年	
	貧困線(単位：Php)	貧困率(％)	貧困線(単位：Php)	貧困率(％)
中部ヴィサヤ州（全体）	16,662	26.0	18,767	25.7
ボホール	16,633	36.6	18,847	30.6
セブ州	17,770	22.3	18,855	18.9
ネグロス・オリエンタル	13,625	28.0	18,589	43.9
シキホル	16,469	27.2	18,420	24.0

(出所)　2015 Philippine Statistical Yearbook, Philippine Statistics Authority.

　一方，この地区の一般的貧困状況を示したのが，表5-3である。同表によると，セブ地方の貧困率は，22.3％（2009年），18.9％（2012年）と推定されており，中部ヴィサヤ地方のなかでは，最も低い部類に入る。

2．調査地

(1)　マンダウェ市

　上述のように，セブ州のなかで都市部を構成しているのがメトロ・セブである。メトロ・セブのなかからマンダウェ市を，筆者らの調査における都市

部の候補地として選んだ。マンダウェ市は，セブ市に隣接する地域で，マクタン工業団地のあるマクタン島とセブ市との中間地点に位置する市である（図5-1）。市としての成立は，1961年で，27のバランガイ（村に類似した最小行政単位）を有する第１級市[6]である。面積は3487ヘクタールで，2015年人口が36万2654人である（同市ウェブサイト[7]より）。

　表5-4は，マンダウェ市のバランガイごとの障害者人口の分布状況を示したものである。他の地域同様，障害者人口比率は，0.40％から1.74％と低い値が示されている。これらの数値の元となった2010年人口センサス結果によれば，障害種別では肢体不自由者が最も多く，障害者全体の17.06％となっている。また，障害者のなかで最も数が少ないのは聴覚障害者で，障害者全体の8.53％とされている。

　2010年人口センサスによれば，障害女性は，同市内の総女性人口の1.2％である。障害女性は一般女性よりも教育を受けておらず，同市の障害女性の半分（48.3％）が中等教育を終えていない。さらに中等教育を終えていない障害女性の半分は小学校教育すらも終えていない。また，小学校を修了していない，あるいは学校に通ったことがない女性のうちの3.60％が障害女性である。これに対し，非障害女性の30.5％は，少なくとも高校までは出ている。また，非障害女性のうち小学校しか出ていないのは，7.9％にすぎない。障害女性の場合，中等教育を終えているのは51.6％と，非障害女性の69.4％よりも低い（Reyes, Agbon, and Mina 2016, 11-14）。

　マンダウェ市はヴィサヤ地方のなかで，障害者のエンパワメントの中心的機能を果たしている。その象徴は，メトロ・セブにある障害者職業訓練センター（Area Vocational Rehabilitation Center II）である。このセンターはフィリピンに４つある障害者向け職業訓練センターのひとつであり，ヴィサヤ地方全体を管轄している。1974年に設立されて以来，2015年までに約7000人の障害者の職業訓練を行った実績をもつ。表5-5は，2010〜2014年における訓練生の就職状況の推移を示している。この表からは，修了生数においては男性が多いのに対して，入所した障害女性の就職率については，女性が男性を上

第5章 フィリピンの障害女性・障害児の教育についての実証分析　161

図5-1　調査地の場所（フィリピン全図）

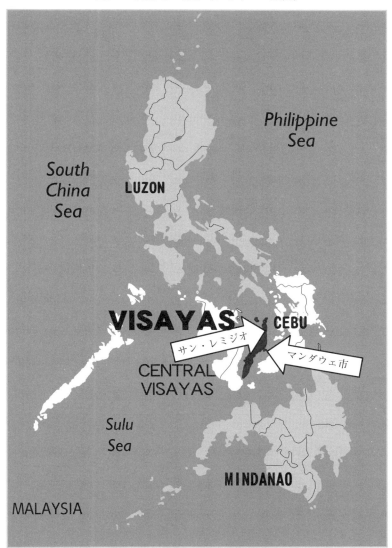

（出所）　元図（Map of the Philippines showing the location of Region VII）より筆者作成（元図の出所：https://commons.wikimedia.org/wiki/Category:Central_Visayas?uselang=ja）。

表5-4 マンダウェ市の障害者人口分布（2010年）

(単位：人)

バランガイ（村）	障害者	非障害者	総人口	障害者比率（％）
Alang-alang	151	12,324	12,475	1.21
Bakilid	47	4,980	5,027	0.93
Banilad	179	22,118	22,297	0.80
Basak	112	7,746	7,858	1.43
Cabancalan	147	12,055	12,202	1.20
Cambaro	78	8,004	8,082	0.97
Canduman	239	16,861	17,100	1.40
Casili	23	3,720	3,743	0.61
Casuntingan	148	13,069	13,217	1.12
Centro（Pob.）	38	3,198	3,236	1.17
Cubacub	144	8,111	8,255	1.74
Guizo	71	8,472	8,543	0.83
Ibabao-Estancia	88	8,553	8,641	1.02
Jagobiao	166	12,061	12,227	1.36
Labogon	216	18,946	19,162	1.13
Looc	176	14,262	14,438	1.22
Maguikay	299	17,483	17,782	1.68
Mantuyong	31	5,838	5,869	0.53
Opao	147	9,760	9,907	1.48
Pakna-an	300	22,657	22,957	1.31
Pagsabungan	195	16,631	16,826	1.16
Subangdaku	233	20,029	20,262	1.15
Tabok	160	15,549	15,709	1.02
Tawason	70	4,821	4,891	1.43
Tingub	23	5,757	5,780	0.40
Tipolo	120	17,153	17,273	0.69
Umapad	174	17,280	17,454	1.00
合計	3,775	327,438	331,213	1.14

（出所）表5-1に同じ。

表5-5 障害者職業訓練センターにおける障害者職業訓練生の状況

年	修了生数（人）			雇用者数（人）			雇用率（％）		
	男性	女性	合計	男性	女性	合計	男性	女性	合計
2010	56	37	93	46	30	76	82.1	81.1	81.6
2011	48	29	77	38	27	65	79.2	93.1	86.1
2012	51	25	76	41	22	63	80.4	88.0	84.2
2013	65	31	96	55	29	84	84.6	93.5	89.1
2014	52	35	87	38	31	69	73.1	88.6	80.8
合計	272	157	429	218	139	357	80.15	88.54	87.41

（出所）Area Vocational Rehabilitation Center II 提供資料より筆者作成。

回る傾向がみられており，この結果は，障害女性に対してより広く職業訓練がなされれば，さらに多くの障害女性が就労可能になることを示唆していて，興味深い。

(2) サン・レミジオ（町）

農村部における調査地としては，サン・レミジオを選んだ。同地は，セブ島の北部に位置し，漁業を主たる産業とするセブ州北部にある農村部である

表5-6 サン・レミジオの障害者人口分布（2010年）

(単位：人)

バランガイ（村）	障害者	非障害者	総人口	障害者比率（％）
Anapog	34	1,782	1,816	1.87
Argawanon	44	3,952	3,996	1.10
Bagtic	5	929	934	0.54
Bagtic	11	1,412	1,423	0.77
Batad	7	1,370	1,377	0.51
Busogon	10	1,435	1,445	0.69
Calambua	7	1,343	1,350	0.52
Canagahan	12	1,365	1,377	0.87
Dapdap	17	1,398	1,415	1.20
Gawaygaway	31	1,395	1,426	2.17
Hagnaya	31	3,496	3,527	0.88
Kayam	15	1,292	1,307	1.15
Kinawahan	14	882	896	1.56
Lambusan	25	2,133	2,158	1.16
Lawis	17	1,062	1,079	1.58
Libaong	6	1,126	1,132	0.53
Looc	41	1,980	2,021	2.03
Luyang	19	2,133	2,152	0.88
Mano	41	3,138	3,179	1.29
Poblacion	52	4,233	4,285	1.21
Punta	32	2,627	2,659	1.20
Sab-a	8	1,161	1,169	0.68
San Miguel	3	1,565	1,568	0.19
Tacup	55	2,214	2,269	2.42
Tambongon	8	2,719	2,727	0.29
To-ong	28	1,135	1,163	2.41
Victoria	19	1,501	1,520	1.25
合計	592	50,778	51,370	1.15

（出所） 表5-1に同じ。

（図5-1）。27のバランガイを有し，面積は95.27平方キロメートル，総人口は5万7557人（2015年）である。同地はフィリピンの三級市[8]として位置づけられており，日本でいう町に相当する。このサン・レミジオの障害者の人口分布状況を示したのが表5-6である。

サン・レミジオでは，障害者比率が全体で1.15％（2010年人口センサス）となっており，この比率はマンダウェ市と同程度である。障害者のうち女性が296人であり，全障害者の半数に当たる。障害種別では，肢体不自由者が最も多く133人（22.47％），続いて視覚障害者126人（21.28％），聴覚障害者103人（17.40％）の順となっている。

3．標本抽出

2016年に実施した調査の標本抽出では，多段階・クラスター法を採用した。調査地選出にあたっては，①女性と障害児の分布，②地元の障害団体からの協力が得られる可能性，③障害当事者調査員の協力が得られる可能性，④調査地のアクセス可能性と安全性，といった条件を考慮した。そのうえで，①の条件から障害女性と障害児の数が多いバランガイ[9]を3つほど選び出し，これらのバランガイに集束抽出（クラスター・サンプリング）を行った。標本抽出の元となるデータは，バランガイ（村）住民登録簿（RBIs）拡大版であるが，このデータを用いる理由は，性別，年齢，教育レベル，住所，家族構成員数，子どもの数，生活状況といった社会経済的なデータが得られるためである。

なお対照比較のための非障害者データは，障害当事者の兄弟姉妹のデータをサーベイと同時にあわせて取得し，これを用いた。

標本抽出の元となる障害者のデータは，バランガイおよびその下位地域区分のPurok（20弱の世帯からなる行政区画）から得られた。日本の住民票のような制度がフィリピンにないため，小さいバランガイでは，居住している障害者の情報が得られなかった。またこれらのデータも2010年人口センサスの

際に収集されたため，その後の移動・死亡等の状況が反映されていない。各世帯の住居が離散的に分布している農村部において，Purokに記録がない場合には，徒歩で行われた障害者の住居探索と確認にかなりの時間を必要とした。また必要なデータ数が予定していたバランガイで得られなかった場合には，実際には予備的な候補バランガイを順次探索していくという方法がとられた。

第2節　障害女性と障害児のいる家計の調査（記述統計分析）

1．標本の主要属性

　以下ではまず，得られた標本の主要な属性および分布について述べていこう。表5-7は，それぞれの調査地で得られた15歳以上の障害女性標本の障害種別と年齢別の状況を示したものである。便宜のため，本章では以後，15歳以上の障害女性を成人障害女性と記述することにする。これは，基礎教育年齢以後の障害女性という意味である。ここで，成人障害女性のサンプル数は，マンダウェ市で50人，サン・レミジオでは56人である。一方，障害児については，（後出）表5-8にあるようにそれぞれ，52人，53人である。これらは，前節で述べたような標本抽出過程を経ており，年齢層別に分布のバランスを調整しているため原則的にダブルカウントはしていない。ただし，家計については，障害女性がいる同じ家計内にたまたま障害をもつ子どもがいたようなケースは排除していない。

　本調査の目的は，障害発生率の正確な計測ではなく，貧困と障害との関係の探求にある。障害発生率の正確な計測は，人口センサスのような全数調査によらざるを得ない。このような背景から，標本抽出にはセンサス・データにおける障害種別比率を用いるのではなく，むしろ肢体不自由，視覚障害，聴覚障害，精神・知的障害についてそれぞれできるだけ各障害の比率に大き

図5-2 調査地で得られた標本の障害別分布

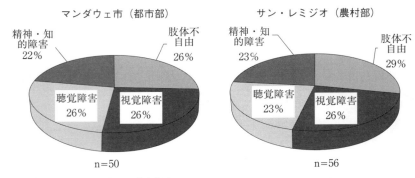

(出所) 調査データをもとに筆者作成。

な差が出ないように標本を集めている（図5-2）。一方，年齢については，各地域の障害者母集団のなかの分布状況を勘案したといえる。結果として標本は，表5-7にみられるように，45～64歳を中心に分布していることがわかる。都市部マンダウェ市と農村部サン・レミジオでの比較でみると，都市部マンダウェ市の方が，年齢層が下の15～24歳世帯が若干多い。このことが，実証分析の際に影響してくる（後述）。

以下では，このデータを用いて，障害女性の識字状況と就労率について分析する。マンダウェ市を都市部，サン・レミジオを農村部と表記している。

まず識字率については，比較対象のルソン島において，視覚障害者の点字の識字率が63.4％，ろう・聴覚障害者の書記言語の識字率が約60％であった。単純比較はできないものの，セブ島のマンダウェ市とサン・レミジオの両地域とも識字率に関してはルソン島の値と遜色ないといえよう。肢体不自由者については，農村部でも100％近くの値となっており，さまざまな教育ファシリティが整っていないなかで，教育促進の成果に関して肯定的な数字が得られている（図5-3）。しかし肢体不自由を除けば，図5-4に示したフィリピンの女性全体の識字率と比べると，かなり低いことがわかる。

図5-5は，世代別の就労率を示したものである。45～64歳の障害者の就労

表5-7　調査地で得られた障害女性標本の年齢分布

7-a　マンダウェ市（都市部）　　　　　　　　　　　　　　　　　（単位：人）

障害種別	肢体不自由	視覚障害	聴覚障害	精神・知的障害	合計
15～24歳	3	4	3	3	13
25～44歳	2	3	2	8	15
45～64歳	8	6	8	-	22
65～79歳	-	-	-	-	-
80歳以下	-	-	-	-	-
合計	13	13	13	11	50

7-b　サン・レミジオ（農村部）　　　　　　　　　　　　　　　　（単位：人）

障害種別	肢体不自由	視覚障害	聴覚障害	精神・知的障害	合計
15～24歳	-	2	2	2	6
25～44歳	4	4	1	5	14
45～64歳	10	4	5	5	22
65～79歳	1	3	1	1	-
80歳以下	1	1	4	-	-
合計	16	14	13	13	56

（出所）　調査データをもとに筆者作成。

図5-3　成人障害女性の障害別識字率

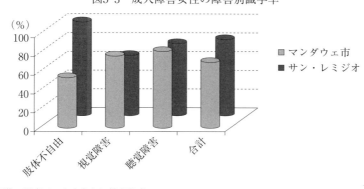

（出所）　調査データをもとに筆者作成。

率が都市部でも農村部でも高い。また農村部のサン・レミジオではこの世代の半数弱が就労できている一方で，若年世代の3割未満しか就労していない

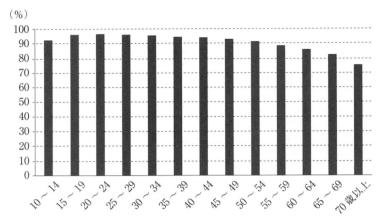

図5-4 フィリピン全体でみた女性一般の年齢別識字率

(出所) National Statistics Office (NSO).

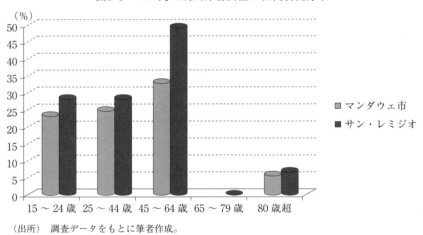

図5-5 セブ島の成人障害女性の世代別就労率

(出所) 調査データをもとに筆者作成。

という問題も明らかである。図5-6は，これを障害別に示したものである。こうした格差は，図5-7の一般女性の状況と比べるとより際立つ。なお，セブはこのなかで中部ヴィサヤに属し，ルソン島の調査の農村部がカラバルゾ

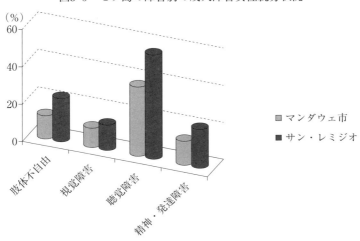

図5-6　セブ島の障害別の成人障害女性就労状況

図5-7　一般女性の地域別（調査地を含む）就労状況

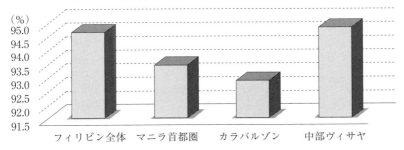

（出所）　Percent Distribution of Population 15 Years Old and Over by Employment Status by Region and Sex: January 2016（January 2016 Labor Force Statistical Tables），Philippine Statistics Authority.

ンに属する。

　つぎに18歳以下の障害児の就学状況について分析しよう。表5-8は，標本障害児の障害種別分布を示したものである。障害女性についてと同様，障害児についても，各障害でほぼ同じ標本数となるようにサンプリングしている。

　表5-9は，標本障害児の就学状況を示している。障害種別，年齢階層別でみて最も就学率が低いのは，発達／精神障害児のうちの12～16歳となってお

表5-8　障害児の障害種別分布

(単位：人)

	マンダウェ市	サン・レミジオ
肢体不自由	13	15
視覚障害	12	16
聴覚障害	13	8
精神・知的障害	14	14
合計	52	53

（出所）　調査データをもとに筆者作成。

表5-9　学齢期の障害児の就学状況

(単位：%)

障害種別	肢体不自由	視覚障害	聴覚障害	発達／精神障害
マンダウェ市				
6〜11歳	85.71	100.00	100.00	71.43
12〜16歳	75.00	100.00	85.71	57.14
17〜18歳	-	25.00	100.00	-
サン・レミジオ				
6〜11歳	83.33	75.00	66.67	77.78
12〜16歳	83.33	50.00	66.67	25.00
17〜18歳	-	-	-	-
調査標本全体				
6〜11歳	27.66	23.40	14.89	34.04
12〜16歳	24.39	24.39	24.39	26.83
17〜18歳	18.18	45.45	27.27	9.09

（出所）　調査データをもとに筆者作成。

り，同障害の標本全体でも26.83％しか学校に行っていない。一般的な傾向として，年齢が上になるほど就学率は低くなる[10]。

2．成人障害女性のルソン島でのデータとの比較分析（就労状況）

　これらの地域について，まず就労状況をルソン島のデータ（森・山形 2010; 2013）と比較してみよう。先に挙げた図5-6のセブ島でのデータと比較するために図5-8として，ルソン島でのデータを掲げる。

図5-8　ルソン島の都市部と農村部における障害別の成人障害女性就労状況
（都市部：n=154，農村部 n=53）

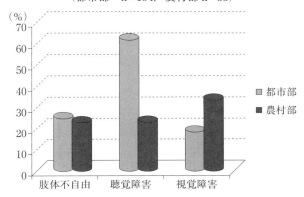

(出所)　森・山形（2010；2013）。

　図5-6と図5-8の比較により，視覚障害者と聴覚障害者の就業率に違いが認められる。ルソン島では，都市部の視覚障害者の就業率が非常に高いが，聴覚障害者は農村部でのみ就業率が高い。ところがセブ島では，聴覚障害者の就業率が，都市部でも農村部でも他の障害者と比して高い。セブ島のデータは，マンダウェ市が都市部，サン・レミジオが農村部に相当する。ルソン島の都市部での視覚障害者の就労はマッサージを中心とした都市型のサービス業によって支えられていたが，セブ島ではこうした業種は視覚障害者が従事する主要な職業となっていないことがその原因として考えられる。セブ島では，農業のように，移動や作業に関するバリアがない業種については，聴覚障害者の就業率が高いという状況である。
　また図5-9と図5-10にそれぞれ，セブ島とルソン島における年齢別成人障害女性就業率を示している。両者の比較から，セブでは45〜64歳の障害女性の就労が最も多い一方，ルソン島では，25〜44歳の障害女性の就労が多いことがわかる。こうした障害女性の就業の年齢階層の違いは，すでに第2節の1項でふれた標本特性の差で説明できる。

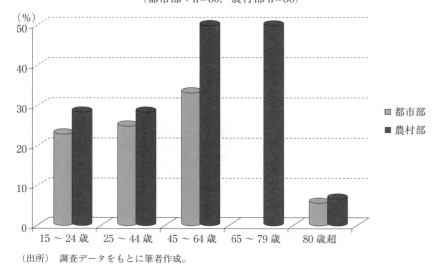

図5-9 セブ島の都市部と農村部における年齢別成人障害女性就労状況
（都市部：n=50，農村部 n=56）

（出所）調査データをもとに筆者作成。

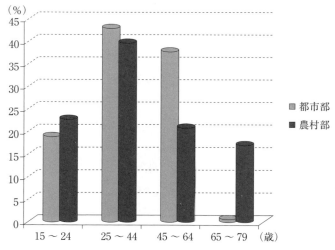

図5-10 ルソン島の都市部と農村部における年齢別成人障害女性就労状況
（都市部：n=154，農村部 n=53）

（出所）図5-8に同じ。

第5章 フィリピンの障害女性・障害児の教育についての実証分析　173

3．成人障害女性のルソン島でのデータとの比較分析（最終学歴）

つぎに最終学歴について，セブ島のデータとルソン島のデータの比較を試みる。前掲の表5-9は現在学齢期の障害児の就学状況であったが，図5-11，図5-12はそれぞれ，都市部マンダウェ市と農村部サン・レミジオにおける成人障害女性の最終学歴を示している。さらに，これらと比較するために図5-13に，ルソン島の都市部と農村部の成人障害女性の最終学歴を示すグラフを掲げた。

これらデータからわかるのは，ルソン島においては，都市部では最終学歴が広く分散している一方，農村部では小学校中退者が目立って多いという特徴があるのに対し，セブ島では，都市部・農村部ともに小学校中退者が非常に多くなっているということである。就学パターンは，ルソン島の農村部と，

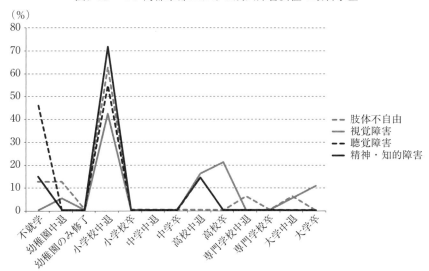

図5-11　セブ島都市部における成人障害女性の最終学歴

（出所）　調査データをもとに筆者作成。

174

図5-12 セブ島農村部における成人障害女性の最終学歴

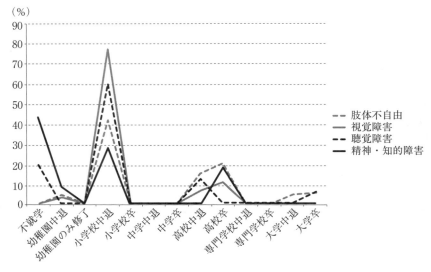

(出所) 調査データをもとに筆者作成。

図5-13 ルソン島における成人障害女性の最終学歴

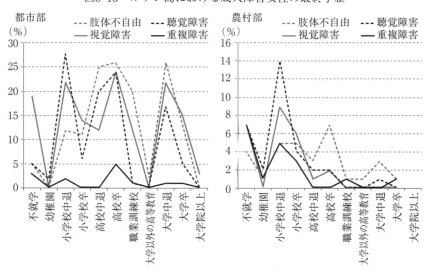

(出所) 図5-8に同じ。

セブ島の農村部，都市部で，類似している。また聴覚障害者については，他の障害の人たちが高校中退・高卒まで行っている地域でも，最終学歴が低いという傾向がうかがわれる。小学校を卒業し，ことばによるコミュニケーションの度合いが増える中等教育や高等教育においては，聴覚障害をもつ女性がより多くのバリアに直面している状況が示唆されている。

比較のため，フィリピンの女性一般の最終学歴のデータも図5-14に掲げた。最終学歴が小学校中退，高卒，大卒と各教育段階で分散している。図5-13のルソン島都市部もセブ島と比べるとやはり最終学歴の山が分散していくつもあることがわかる。大卒者以上についても，フィリピン全体，セブ島を含む中部ヴィサヤ双方において，20％を超している。しかし，セブ島の障害女性は都市部でも農村部でも大卒者はたかだか10％と低い数字である。セブ島では，最終学歴に占める大卒者以上の学歴をもつ障害女性が，非障害者と比べて非常に少ないことがより際立っている。

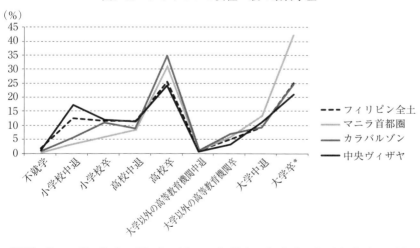

図5-14　フィリピンの女性一般の最終学歴

（出所）　Percent Distribution of Employed Persons by Highest Grade Completed, by Region and Sex: January 2016（January 2016 Labor Force Statistical Tables），Philippine Statistics Authority.
（注）　＊大卒には大学院在学生と卒業生を含む。

小括

　第2節では，セブ島の都市部，農村部のそれぞれについて収集したデータをルソン島における過去の調査データと比較した。その結果，まず障害女性の識字状況については，セブ島の都市部でも農村部でもルソン島の障害女性とあまり変わらない状況がうかがえた。ただ同時に女性一般と比べると，セブ島であれルソン島であれ，障害女性の識字率が低いということも確認できた。つぎに就業率をみたところ，25〜44歳世代という働き盛りの障害女性の就業率が，セブ島では都市・農村を問わず3割に満たない，ということが看取された。最後に最終学歴であるが，ルソン島の都市部の障害女性の最終学歴が，一般女性の最終学歴の分布状況に比較的近いのに対し，セブ島の障害女性の場合には，ルソン島の農村部の障害女性の分布状況に近いということが注目された。すなわち，セブ島では都市部も農村部も小学校中退者の割合が非常に高いということである。このことは，障害女性の就労が非熟練労働の農業を中心としたものになっているというこの地域の状況とも整合的である。

　総じてセブ島の障害女性のイメージとしては，文字の読み書きは農村部であっても比較的できているが，小学校中退のケースも多く，ついている職業もそれに対応した非熟練労働を中心としたものになっている，ということになる。ただし，非障害女性と比べたときの格差は依然として残っており，これが障害の問題なのか，それともむしろ性差の問題なのかということについて次節でより詳しく分析する。

第3節　障害女性と障害児のいる家計の調査（教育水準についての実証分析）

1．実証分析の問題設定

　障害者の生活の自由度は，彼らを取り巻く社会によって規定される。彼らは幾層もの社会グループに属しているが，家族はそのなかでも，障害者が日常的に，最も大きな影響を受ける社会グループといえる。家族が障害者の行動の自由を縛る制約として作用してしまうことがしばしばあり，日本においては1957年に結成された「青い芝の会」がこの問題の重要性を強く主張している（横田 2015; 横田・立岩・臼井 2016; 横塚 1975）。家族を，障害者を取り巻く社会のひとつの重要な層ととらえ，その家族がどのような関わり方で障害女性と障害児の生活に影響を与えているのか，という問いが，障害の社会モデルを念頭におきながら，障害女性と障害児の課題を考察する本書の，ひとつの中心課題である。

　この節では，障害女性と障害児の教育水準の決定因を，主たる分析対象にしている。本章では，家族という社会グループが，その一員たる障害者の生活の自由度に，どれだけ大きな影響を与えるかという課題を重要視している。なかでも，家族の親たちが，障害児，とりわけ女児にどれだけ長く教育機会を与えるか，という点に，親たちが障害児に与える自由度，自律度の大小が現れると考えたことから，障害女性と障害児の教育水準の決定因を精査した。教育水準は，障害女性，障害児のその後の人生の進路や経済活動の広がりを決める大きな要素となるという意味でも重要である。

　フィリピン（なかでもマニラ首都圏およびバタンガス州ロザリオ市）の障害者の経済活動の性差については，すでに筆者らによって実証的分析がなされている（森・山形 2013; Albert et al. 2015; Yamagata 2015）。それらの分析の実証結果から，障害女性は，学歴等の性別以外の要因を考慮してもなお，障害男性

よりも低い所得を得るにとどまっており，障害に加えて，「女性」という側面からも，二重の不利を抱えていることが明らかになった。この観察事実がとくにフィリピンにおいて重要なのは，フィリピンが多くの点から，男女のジェンダー格差が，レベルとして小さく，なおかつ変化としては縮小著しい国として知られてきたからである（Hausmann, Tyson, and Zahidi 2010; Illo 1997）。このように女性の社会進出の進んだフィリピンにおいてでさえ，障害者に関しては，男女の経済的機会や収入の格差が統計的に明らかであることは，障害女性の経済的地位の向上が，険しい道のりであることを想起させる結果であった。

本節においては，障害者の教育に関する性差を分析対象とする。経済活動において明らかであった性差が，教育に関しても同様に顕在化するのか，という問いに対する答えを，セブ島の都市と農村のデータから析出することを試みる。

2．実証分析の方法

障害児に対して家族が教育を授けようとするかどうか，またどれだけの高さの教育水準を求めるかは，家庭環境や社会環境に大きく依存する。本節では教育水準の代理変数として就学年数を採用し，就学年数が障害の有無や性差に影響されるかどうかを検証する。本節に後半に示す実証分析の元となる推計式を以下のように定式化する。

$$Y_{ij} = \beta_0 + \beta_1 D_{ij} + \beta_2 \text{（父親の教育水準}_j\text{）} + \beta_3 \text{（母親の教育水準}_j\text{）} + \beta_4 A_{ij} + \beta_5 S_{ij} + \beta_6 (D_{ij} \cdot S_{ij}) + \varepsilon_i + u_{ij} \tag{1}$$

被説明変数の Y_{ij} は就学年数である。添え字の i と j はそれぞれ，家族と家族のなかの個人を示している。つぎに D_{ij} は障害ダミーを，A_{ij} は年齢を示しており，S_{ij} は性別ダミー（女性は1）である。誤差項には ε_i と u_{ij} があり，

前者は家族iに特有の誤差を体現し，後者は家族のなかの個人jについての誤差を体現している。個人jは障害者でもあり得るし，障害者の兄弟姉妹でもあり得る。

(1) 式が正しく推計されれば，β_1の符合や大きさから，障害の有無が教育水準に与える効果を検証することができる。また，β_5は性別によって就学年数に差が生じるかどうかを表現しており，β_6は障害と性別に相乗効果があるかどうかを表す。またβ_2とβ_3はそれぞれ，父親と母親の教育水準が，子の教育水準に対して与える効果を表現している。最後にβ_4は，年齢が上がるほど，就学年数の取り得る値の最大値が増加することから，年齢が就学年数に及ぼすプラスの影響を示している。

(1) 式を単純回帰した場合，上に挙げた係数の推計値に偏りが生じる懸念がある。というのは，家族属性を表すε_iに，その家族の社会的地位や政治的権力，経済力などが込められている場合，大きな値のε_iが，その家族の子どもが障害を得る確率を下げたり（D_{ij}が1の値をとる確率が下がる），両親の教育水準を上げたりするようなかたちで，これらの説明変数と誤差項（とくにε_i）が相関をもってしまい，この相関が係数の推計値に偏りをもたらすからである。障害の有無が教育に与える効果（β_1），性別効果（β_5），障害と性別の相乗効果（β_6）を偏りなく推計するためには，ε_iに起因する，誤差項（$\varepsilon_i + u_{ij}$）と説明変数の相関という問題に対処する必要がある（なお，u_{ij}は個人属性であって，上記の説明変数と相関をもつ理由はないので，説明変数と独立であると仮定している）。

データに，同一家族の構成員で障害者と非障害者の情報が得られていれば，ε_iをコントロールすることができる。とくに兄弟姉妹に障害者と非障害者がいれば，同じ両親から遺伝子を受け継いでいることもあって，彼らは多くの家族属性を共有していると仮定することが現実性を帯びる。このような特徴を利用して，Filmer（2008）は，13の開発途上国の家計調査を用い，家族の固定効果を仮定することによってε_iをコントロールし，ε_iに因らない，障害の就学抑制効果を検出した。本章の分析においては，Filmer（2008）に想

を得つつ,家族ごとに兄弟姉妹の就学年数を比較することで,ε_iのコントロールを試みた。

より具体的には,(1) 式のjを,標本としてインタビューした障害者 ($j=d$) と特定した (2) 式と,その標本障害者の兄弟姉妹 ($j=s$) に特定した (3) 式を以下のように仮定する[11]。

$$Y_{id}=\beta_0+\beta_1 D_{id}+\beta_2 (父親の教育水準_i)+\beta_3 (母親の教育水準_i)+\beta_4 A_{id}+\beta_5 S_{id}$$
$$+\beta_6 (D_{id} S_{id})+\varepsilon_i+u_{id}. \tag{2}$$

$$Y_{is}=\beta_0+\beta_1 D_{is}+\beta_2 (父親の教育水準_i)+\beta_3 (母親の教育水準_i)+\beta_4 A_{is}+\beta_5 S_{is}$$
$$+\beta_6 (D_{is} S_{is})+\varepsilon_i+u_{is}. \tag{3}$$

(2) 式から (3) 式を差し引くと,次の式を得る。
$$Y_{id}-Y_{is}=\beta_1 (1-D_{is})+\beta_4 (A_{id}-A_{is})+\beta_5 (S_{id}-S_{is})+\beta_6 (S_{id}-D_{is}S_{is})+(u_{id}-u_{is}). \tag{4}$$

この式の誤差項は ($u_{id}-u_{is}$) であり,u_{id}もu_{is}も,家族属性を超えた個人属性による攪乱項であることから,($u_{id}-u_{is}$) が,障害の有無,年齢,性別といった説明変数と相関をもつと考える理由はない。したがって,回帰分析によって,β_1, β_4, β_5, β_6の不偏推定値が得られる。

ここで,β_1が負であれば,それは障害が就学年数にマイナスの影響を与えることを意味する。つぎにβ_5は性別ダミー(女性なら1の値をとる)なので,この係数が負であれば,女性の就学年数が男性より低いことを示し,正であれば,その逆を示す。さらにβ_6は,障害者であることと女性であることが相まって,女性かつ障害者であれば,男性障害者や,障害をもたない女性より,障害女性の就学年数が短くなりがちであることを示す。

3．基礎データ

本項では，次項で行う実証分析に用いるデータの特徴を示す。それに先立ち，フィリピン全体の教育水準の上昇の度合いを男女別に確認しよう。図5-15は，フィリピン全国の男女別初等教育就学率の推移を示している。フィリピンにおいて現在，初等教育は6歳から12歳までの6年間が標準である。就学率とは，学齢人口に対する就学者数の割合であるが，就学者には学齢未満，または学齢を超える就学者がいてもおかしくないので，すべての就学者を分子に入れ込む粗就学率はしばしば100％を超える。これに対して，学齢

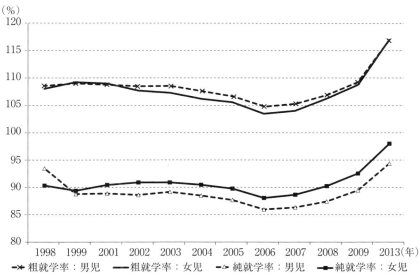

図5-15　フィリピンの男女別初等教育就学率

（出所）　世界銀行の World DataBank サイトで検索した *World Development Indicators* データ（http://databank.worldbank.org/data/home.aspx）より筆者作成。2000年および2010年～2012年の値は同サイトに掲載されていない。

（注）　粗就学率は，学齢児童に対する（全年齢の）就学者数の割合であるのに対して，純就学率は学齢児童に占める学齢就学者数の割合である。

人口に対する学齢就学者の割合は100%を超えることはなく，これを純就学率と呼ぶ。図5-15は，それぞれ男女別の粗就学率と純就学率の推移を表している。いずれも破線が男児，実線が女児の就学率を示している。純就学率は1999年から一貫して女児の方が上回っており，粗就学率も2013年に女児の率が男児の率を上回ったことが見て取れる。このように現在のフィリピンにおいては，女児の就学率の方が高い傾向にある。

　この事実を念頭におきつつ，本章で分析対象とする標本の，教育に関する特徴を確認しよう。まず，標本の就学年数別構成について考察する。表5-10に標本の就学年数別構成を示した。インタビューによって収集した情報は，「どんな教育機関に何年通ったか」であるが，特別支援学校（SPED）と障害者のための代替的学習システム（ALS）については，通ったかどうかまでは尋ねたものの，何年通ったかという情報は収集できなかった。そこで，SPEDとALSが最終学歴である障害者については，これらを就学年数換算する必要がある。本分析においては，障害者が非障害者に対して教育の面で不利になっているといえるかどうかが重要な課題なので，「障害者の就学年数が少し過大推計気味だったとしても，障害者の方が非障害者より優位に就学年数が短い」ということがいえれば，障害者の教育上の不利が，より高い信頼度で確認されることになる。そこで，「初等教育のSPEDまたはALSに通ったことのある障害者の就学年数」を6年と設定した。同様に，「中等教育のSPEDまたはALSに通ったことのある障害者の就学年数」は10年とした。より詳しい就学年数換算法を表5-10の注に記載した。

　多くの障害者が何らかの教育を受けているが，全体の1割以上が学校にまったく通ったことがなく，成人障害女性の約3割が小学校中退（就学年数1～5年）である（表5-10）。また，成人障害女性の1割弱のみが初等特別支援学校通学経験を有していたのに対して，障害児は2割以上が初等特別支援学校（またはALS）に通っており，女児の通学割合の方が男児より高かった（表5-11）。

表5-10 標本の就学年数別構成

(単位：人)

就学年数	成人障害女性			障害児		
	マンダウェ市	サン・レミジオ	計	マンダウェ市	サン・レミジオ	計
0	10	8	18	4	11	15
1	2	2	4	7	11	18
2	2	2	4	4	2	6
3	3	7	10	3	2	5
4	2	8	10	4	4	8
5	3	1	4	3	8	11
6	12	8	20	18	9	27
7	1	1	2	4	2	6
8	1	3	4	4	3	7
9	1	2	3	1	1	2
10	1	1	2	0	0	0
11	0	1	1	0	0	0
12	7	9	16	0	0	0
13	1	1	2	0	0	0
14	0	0	0	0	0	0
15	4	2	6	0	0	0
総数（人）	50	56	106	52	53	105
平均（年）	6.02	5.94	5.98	4.46	3.43	3.94

(出所) 調査データをもとに筆者作成。
(注) 就学年数は，学歴と以下のように対応させている。就学経験なし（0年），初等特別支援学校（またはALS）就学経験あり（6年），中等特別支援学校（またはALS）就学経験あり（10年），保育園・幼稚園・デイケアサービスのみ（1年），初等教育1〜6年生（1〜6年），中等教育7〜12年生（7〜12年），中等技術専門学校等1〜3年生（11〜13年），4年制大学1〜4年生（12〜15年），4年制大学5〜6年生（15年），大学院（16年）。

表5-11 初等特別支援学校またはALS通学経験の割合

(単位：人，%)

	成人障害女性	障害児		
		女児	男児	計
通学経験なし	96 (90.6)	34 (73.9)	48 (81.4)	82 (78.1)
通学経験あり	10 (9.4)	12 (26.1)	11 -18.6	23 (21.9)
計	106 (100.0)	46 (100.0)	59 (100.0)	105 (100.0)

(出所) 調査データをもとに筆者作成。
(注) ALSについては，障害児（女児）1人のみが，初等教育のALSに通ったことがあると回答した。中等教育のALSに通ったことのある障害児はいなかった。

4. 障害者と兄弟姉妹の教育格差——記述統計分析——

本調査においては，障害者の情報と同時に，当該障害者の兄弟姉妹についての情報も得ている。兄弟姉妹が複数いる場合には，男女問わず，最も年齢の近い，年上の兄弟姉妹と年下の兄弟姉妹[12]に関して質問している。質問内容は，性別，年齢，教育水準，障害の有無，職業，保有している耐久消費財（携帯電話等）である[13]。したがって，上下に兄弟姉妹がいれば，障害者とその兄弟姉妹の就学年数の差が，$Y_{id} - Y_{ie}$（姉または兄との差：$s=e$）および $Y_{id} - Y_{iy}$（妹または弟との差：$s=y$）として得られる。そして，これらの変数が実証分析の被説明変数となる。実証分析を行う前に，これらの変数の特徴を分析しよう。

図5-16から図5-19にはそれぞれ，成人障害女性の兄姉，弟妹との就学年数格差，障害児の兄姉，弟妹との就学年数格差の度数分布を示している。また，障害者と非障害者を比較するという目的から，比較対象となった兄弟姉妹も障害者である場合には，これらの度数分布の掲載対象から当該「障害者・兄弟姉妹ペア」を外している。

成人障害女性とその兄または姉との就学年数格差の度数分布が図5-16に掲げられている。最頻値は0年であるが，分布の中心はマイナスの値の側にあり，注に記したように，平均値はマイナス2.6年である。マイナス6年の値にも比較的大きな山（7人）があることがわかる。このケースの典型は，小学校卒業が最終学歴である兄姉と，学校にまったく通っていない障害者の差であると思われる。障害者の就学年数が，非障害者である兄弟姉妹より短くなりがちであることがうかがわれる。

図5-17は，成人障害女性とその弟妹の就学年数格差の度数分布図である。最頻値は0年であるが，平均値はマイナス1.9年である。同様に，図5-18は障害児とその兄姉との就学年数格差を示している。障害児サンプルのなかで学齢以下（6歳未満）なのは4人だけなので，障害児のほとんどが学齢にあ

第5章 フィリピンの障害女性・障害児の教育についての実証分析　185

図5-16　成人障害女性とその兄姉との就学年数格差の度数分布

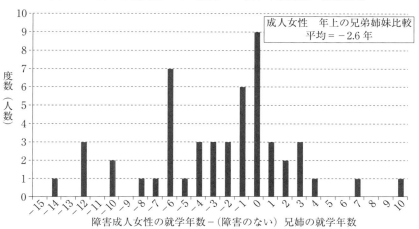

（出所）調査データをもとに筆者作成。
（注）就学年数格差の平均はマイナス2.6年である。兄や姉も障害をもっている場合には，当該標本を上記の集計から除いている。この度数分布の総度数は50である。

図5-17　成人障害女性とその弟妹との就学年数格差の度数分布

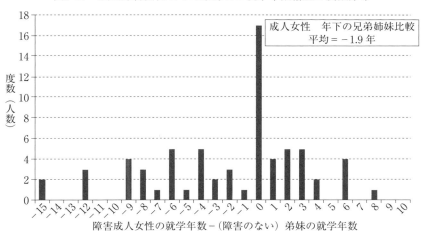

（出所）調査データをもとに筆者作成。
（注）就学年数格差の平均はマイナス1.9年である。弟や妹も障害をもっている場合には，当該標本を上記の集計から除いている。この度数分布の総度数は68である。

図5-18 障害児とその兄姉との就学年数格差の度数分布

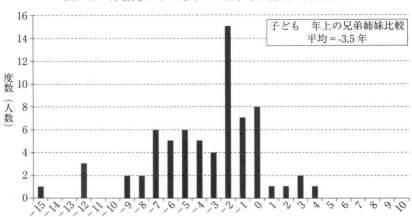

(出所) 調査データをもとに筆者作成。
(注) 就学年数格差の平均はマイナス3.5年である。兄や姉も障害をもっている場合には、当該標本を上記の集計から除いている。この度数分布の総度数は69である。

図5-19 障害児とその弟妹との就学年数格差の度数分布

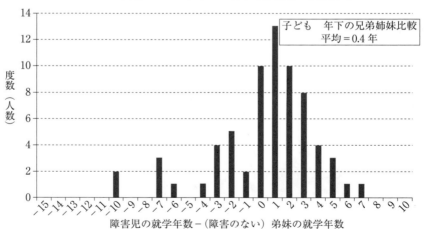

(出所) 調査データをもとに筆者作成。
(注) 就学年数格差の平均はプラス0.4年である。弟や妹も障害をもっている場合には、当該標本を上記の集計から除いている。この度数分布の総度数は68である。

るとみなすことができる。図に明らかなように，障害児はその兄姉と比べて就学年数が短い傾向にある。最頻値はマイナス2年であり，平均値はマイナス3.5年である。対照的に，障害児とその弟妹の就学年数は，年かさの分だけ，障害児の方が長い傾向にある。図5-19によれば，その最頻値はプラス1年であり，平均値はプラス0.4年である。これらの観察結果から，就学年数格差には，障害児とその兄弟姉妹の年齢差が大きく効いていることが示唆される。図5-16～図5-19において，兄弟姉妹が障害者である場合は掲載から除外していたのであるが，それらのケースも勘案したうえで，就学年数に対する障害の有無，性別，年齢の効果を分析するためには，次項で示す回帰分析を行う必要がある。

5．障害者と兄弟姉妹の教育格差――回帰分析――

本項は，「障害は，家族要因による内生性や性別の違い，年齢といった個人属性を考慮しても，就学年数を引き下げる効果をもつ」（仮説1），および「障害をもつ女性は，家族要因による内生性や性別の違い，年齢といった個人属性を考慮しても，障害男性や女性の非障害者よりも，就学年数が低い」（仮説2）というふたつの仮説を検証することを目的にしている。推計式としては主として（4）式を用い，仮説1，仮説2はそれぞれ（4）式の，$\beta_1 < 0$，および $\beta_6 < 0$ に対応する。

(1) 成人障害女性と兄弟姉妹の教育格差

回帰分析においては，図5-16～5-19で排除していた，障害者の兄弟姉妹が障害者であるケースも分析対象とする。成人障害女性の兄姉が障害者である場合が8例，弟妹が障害者である場合が7例あった。

まず成人障害女性とその兄弟姉妹の就学年数格差を分析対象とするのであるが，（4）式をそのまま用いるには困難があった。というのは，（4）式の右辺第1項である $(1-D_{is})$ と第4項の $(S_{id} - D_{is}S_{is})$ の相関が高いため，両

者の係数の標準誤差が非常に大きくなる多重共線性（この場合はnear multi-collinearity）の問題が生じた[14]。そこで，障害女性に対しては，第4項を除外した式：

$$Y_{id} - Y_{is} = \beta_1 (1 - D_{is}) + \beta_4 (A_{id} - A_{is}) + \beta_5 (S_{id} - S_{is}) + (u_{id} - u_{is}) \quad (4)'$$

を用いざるを得なかった。これによって仮説2（$\beta_6 < 0$）の検定は不可能となる。

表5-12が推計結果である。障害ダミーの差の係数は障害者と兄姉を比較した場合でも弟妹とを比較した場合でも負であり，弟妹と比較した場合には95％有意水準で，（$\beta_1 < 0$）の仮説が支持されている。つまり，障害者の就学年数は，家族属性や年齢，性別をコントロールしても，非障害者より短い，という仮説1を支持する結果となっている。

成人障害女性については，学齢をとうに過ぎた対象者が多いからか，年齢の差が有意にプラスであるとの結果が得られていない。興味深いのは，性別ダミー（女性＝1としている）の差の係数であるβ_5が兄姉比較，弟妹比較の場合で符合がプラスであり，弟妹比較の場合には有意となっていることである。

表5-12　成人障害女性の兄弟姉妹との就学年数差の推計

比較対象	兄・姉	弟・妹
障害ダミーの差（β_1）	-1.653	-2.981**
	(1.069)	(1.131)
年齢の差（β_4）	0.223	-0.137
	(0.259)	(0.089)
性別ダミーの差（β_5）	0.343	2.983**
	(1.361)	(1.313)
標本数	57	67
決定係数	0.232	0.259

（出所）　調査データをもとに筆者作成。
（注）　カッコ内は不均一分散調整済み標準誤差である。＊，＊＊，＊＊＊はそれぞれ，90％，95％，99％有意水準で，係数がゼロであるという帰無仮説が棄却されることを意味している。

これは図5-15で示した，フィリピン全体における女児の男児に対する就学率改善が，本データにも反映されたものと解釈することができる。

(2) 障害児と兄弟姉妹の教育格差

障害児データを用いた場合は，第4項の（$S_{id} - D_{is} S_{is}$）を説明変数として採用した（4）式を推計することができる。ちなみに障害児の兄姉が障害を有しているケースが3例，弟妹に障害のあるケースが1例あった。

表5-13が推計結果である。成人女性のデータの場合と同様に，障害ダミーの差の係数の推定値の符合は負で，兄姉比較，弟妹比較のどちらの場合でも（年齢を限定しなければ）仮説1（$\beta_1 < 0$）が統計的に有意に採択されている。年齢の差に付された係数β_4は，どの推計パターンでも係数の値が正と推計されており，有意水準に差はあるが，（年齢を限定しなければ）すべての推計パターンで有意という結果になっている。性別ダミーの差の係数は，正の値として推計されているが，統計的に有意となったのは稀である（兄姉と比較し，障害・性別交差項の差を導入した推計パターンにおいて，90％有意水準で有

表5-13 障害児の兄弟姉妹との就学年数差の推計

比較対象	兄・姉		弟・妹			
兄弟姉妹の年齢の限定	なし	なし	なし	なし	7歳以上	（参考）15歳以上
障害ダミーの差（β_1）	-2.805*** (0.505)	-1.496** (0.649)	-1.301** (0.585)	-1.393* (0.730)	-1.698 (1.147)	-7.286** (1.554)
年齢の差（β_4）	0.1606* (0.083)	0.191** (0.076)	0.568*** (0.114)	0.565*** (0.116)	0.585 (0.317)	5.429 (2.316)
性別ダミーの差（β_5）	0.237 (0.675)	1.597* (0.838)	0.38 (0.584)	0.275 (0.774)	0.392 (1.015)	8.143*** (0.792)
障害・性別交差項の差（β_6）	–	-2.614** (1.000)	–	0.214 (0.992)	-0.053 (1.278)	-7.429** (2.337)
標本数	72	72	67	67	48	7
決定係数	0.495	0.528	0.224	0.225	0.100	0.954

（出所）調査データをもとに筆者作成。
（注）カッコ内は不均一分散調整済み標準誤差である。*，**，***はそれぞれ，90％，95％，99％有意水準で，係数がゼロであるという帰無仮説が棄却されることを意味している。

意）。

　注目すべきは障害・性別交差項の差（β_6）の推計結果である。障害児とその兄姉の就学年数を比較した場合，係数の値が－2.614と推定されており，この値は95％有意水準で0から負の方向に乖離している。この推計結果は，障害がある男児とその兄の就学年数格差が（年齢をコントロールした後に）1.496年あること，そして障害児が女児であれば，障害のない兄との就学年数格差は2.513年となり，障害男児と障害女児の差は1.017年にも上る[15]。

　一方，障害児と弟妹の就学年数比較では，兄姉との比較のように明確な結果は得られていない。年齢や性別を考慮すると，図5-19で示されたような「障害児の方がその弟妹より就学年数が長い」という結果が翻され，障害ダミーの差の係数として有意な負の値が推定されたことは特筆すべきことである。しかし障害・性別交差項の差の係数 β_6 の推定値は，有意ではないものの，0.214という正の値が得られている。

　この推計結果の背景をより深く探るため，推計対象から「弟妹が学齢未満の障害児」を除外してみた。学齢未満の弟妹より，その兄姉である障害児の就学年数が上回っているのは，定義上明らかだからである。比較する弟妹の年齢を7歳以上に限定すると，有意ではないものの，障害・性別交差項の差の係数 β_6 の推定値は負に転じる。さらにこの弟妹の年齢の限定を「15歳以上」に上げると，標本数が7にまで減るものの，β_6 の推定値は有意に負という結果となった。この「15歳以上」を推計対象とした推計結果は，β_5 の推定値の値が8.143という解釈しにくい水準にまで高まっている[16]ことなどから，推計結果そのものを信頼することはできない。しかし表5-13の推計結果全体として明らかになったのは，「兄姉と障害児の就学年数を比較した場合，年齢をコントロールしても，障害をもつ女児は，障害をもたない女児より，有意に就学年数が低い」ということと，「弟妹と障害児の就学年数については，比較対象を上の年齢に絞ると，障害をもつ女児が，障害をもたない女児より就学年数が低くなる可能性が上がる」ということである。

6. 小括

フィリピンにおいては，一般的には女児の方が男児より大きな教育機会を得ている。その傾向は，本研究において収集したセブ州の都市・農村データにも反映されている。つまり女性であることは，就学年数を高める方向に作用していた。前項の分析において，障害児とその兄姉との比較や，10代後半の障害児とその弟妹との比較に関していえば，障害を有していることに起因する就学年数の低下という不利に加えて，障害をもたない女性がフィリピンにおいて享受している高めの教育水準を障害女性が享受できないという意味での不利というふたつの側面の課題を，障害女性が有している可能性が示唆された。

おわりに

フィリピンの障害女性と障害児のおかれている経済社会的状況を把握し，彼らの非障害者の同等集団や障害男性等との格差の原因をデータの面から明らかにしていこうというのが，本章の最終的な目的であった。本書第1章で述べたように，障害女性は社会的弱者のなかの弱者という立場にあり，このことは障害児についても当てはまる。フィリピン全体のなかでも，より社会的な抑圧が強いとされている中南部の障害女性のデータを用いて，障害女性のおかれている非障害女性との格差を裏づけることができた。障害児についても，フィリピンの一般の子どもたちの純就学率は95％を超える一方で，障害児の就学状況がこれと比して悪い状況にあることもデータで裏づけられた。フィリピン南部（セブ島）の最終学歴状況が都市部・農村部を問わず，フィリピン北部（ルソン島）の農村部の最終学歴状況と似通っていることも確認できた。

また障害女性について，障害と女性というふたつの複合差別についても計量的な分析を試みた。このために，「障害は，家族要因による内生性や性別の違い，年齢といった個人属性を考慮しても，就学年数を引き下げる効果をもつ」（仮説1），および「障害をもつ女性は，家族要因による内生性や性別の違い，年齢といった個人属性を考慮しても，障害男性や女性の非障害者よりも，就学年数が低い」（仮説2）というふたつの仮説を検証した。その結果，本来，フィリピンでは女性であるということで一般には教育年数が高まる要因が，障害女性の場合には効いておらず，障害女性は障害があるゆえにさらにネガティブな状況にあると結論づけることができた。

　マニラ首都圏と比べてセブ島では，教育，職業訓練，就労といったリソースの利用可能性の面で，女性が男性と比べて不利をこうむっている。このような点はルソン島の農村部の女性と通底している。本章の分析は，このような女性の不利が，障害者においてはより如実に表れることを示している。今後，今回の分析を通じて得られた実態をもとに，途上国障害者の貧困削減につながるさらに有効な政策的インプリケーション，また障害女性や障害児といった障害者のなかでも貧困の影響をこうむっている人たちの貧困削減のためになにが有用なのか，現地の障害当事者や政府関係者との議論を通じてあるべき政策を見いだしていければと願っている。

〔注〕
(1)　なお，本章における障害は序章の冒頭でもふれた「障害の社会モデル」における障害の定義によっている。つまり，医学的な見地からの障害の定義を用いるのではなく，障害者のおかれている社会のなかで障害者が発揮できる機能を制約されている社会的文脈という観点から障害を定義する見方を採用している。
(2)　一方，経済活動への参加についての内生性を考慮したヘックマン・モデルによる分析を用いると，所得水準に対する性別ダミーの効果は有意ではなくなったが，経済活動参加ダミーに対しては性別ダミーの結果が有意に負とされたことから，先の「所得水準に関する男女差は，所得水準というよりむしろ，経済活動への参加の有無によって説明される」可能性が示された（森・

山形 2013, 130)。同じデータに対して，就学年数を内生変数として扱ったヘックマン・モデルを適用したところ，やはり，経済活動参加の決定因を説明する式において，性別ダミーの係数が有意に負となった（森・山形 2013, 134-135)。

(3) ダバオ市およびその周辺部での森壮也による2007年からの聞き取り調査に基づいている。

(4) メトロ・セブといわれているのは，セブ市，ラプラプ市，マンダウェ市，タリサイ市，ダナオ，カルカル，ナガの7市とコンポステラ，コンソラシオン，コルドバ，リロアン，ミングラニラ，サンフェルナンドの6町である。

(5) Philippine News ウェブサイト（http://philnews.ph/2014/01/22/manila-cebu-top-10-tholons-global-outsourcing-destinations/，2016/03/04閲覧)。

(6) 聞き取り先は，注(3)と同様である。フィリピンでは，平均歳入で市を等級分けしており，第1級市は，年間平均歳入が4億ペソ以上の市である。第1級市になると行政上，州から独立した扱いを受け，議会を別途設けることができる（BP 51による)。

(7) マンダウェ市ウェブサイト（https://www.mandauecity.gov.ph/，2016/03/04閲覧)。

(8) 注(6)参照のこと。第3級市とは，年間平均歳入が2億4千万ペソ以上3億2千万ペソの地方自治体を指している。

(9) バランガイについては，2項「調査地（1）」にある説明を参照のこと。

(10) フィリピンにおける一般的な就学状況については，この後の第3節の3項で改めて解説する。

(11) ここで標本障害者はすべて，何らかの障害を負っているので，常に$D_{id}=1$が成り立つ。D_{is}は，その兄弟姉妹が障害をもっていれば1となり，もっていなければ0が代入される。

(12) 英語では immediate elder sibling, immediate younger sibling と称して質問している。

(13) このデータ収集に当たっては，障害者と兄弟姉妹が一緒に住んでいると仮定したため，兄弟姉妹の居住地は質問項目に入れていない。したがって，家族の居住地のみ情報として利用可能であり，家族の居住地は家族属性の一部に当たる。したがって，「家族が都市，農村のいずれかに住んでいることによる就学年数の違い」は，分析できなかった。

(14) より具体的にいえば，成人障害女性データにおいては，常にS_{id}が1の値をとるので，第4項が$(1-D_{is}S_{is})$となる。一方，D_{is}は106サンプルのうち98サンプルが0の値をとるので，98サンプルに関しては第1項の値と第4項の値が同一となる。さらに兄弟姉妹に障害があってD_{is}が1の値をとった場合でも，姉妹が比較対象となった場合にはS_{is}が1の値をとるため，その

場合でも第1項の値と第4項の値が同一となる。このことから、ほとんどのサンプルにおいて第1項の値と第4項の値が同一となり、推計結果が near multicollinearity の様相を呈した。ちなみに、女性障害者のサンプルサイズは最大で106であるが、兄弟姉妹がいない場合、さらには、兄姉の年齢が障害者より低いサンプルや弟妹の年齢が障害者より高いサンプルを推計対象から除外したので、表5-12に結果を示した推計において、標本数は57、67といった大きさになっている。

(15) これらの数値について理解するためには、以下の場合分けが有用である。ここで場合分けを障害児本人と兄弟姉妹の性別に絞るために、兄弟姉妹は障害をもっておらず($D_{is}=0$)、障害児本人と兄弟姉妹の年齢効果がない(つまり仮想的に、$A_{id}=A_{is}$)と仮定する。そうすると、障害児と兄弟姉妹の性別の場合分けは、以下の表の第一列に示した4パターンとなる。

性別ダミーの組み合わせ	障害児	兄弟姉妹	$Y_{id} - Y_{is}$ パラメーター	表13の3列目の推計値	最下段の値との差
$S_{id}=1, S_{is}=1$	女	女	$\beta_1 + \beta_6$	-4.11	2.614
$S_{id}=1, S_{is}=0$	女	男	$\beta_1 + \beta_5 + \beta_6$	-2.513	1.017
$S_{id}=0, S_{is}=1$	男	女	$\beta_1 - \beta_5$	-3.093	1.597
$S_{id}=0, S_{is}=0$	男	男	β_1	-1.496	-

(出所)表5-13の数値から筆者作成。

この表から、障害男児とその兄弟の就学年数格差を示しているのがβ_1で、その値が-1.496であること、そして、障害女児と兄弟の就学年数格差を示しているのが$\beta_1 + \beta_5 + \beta_6$で、その値が$-2.513$であり、この値と「男性障害児とその兄弟の就学年数格差(-1.496)との差が1.017年であることが分かる。

(16) 15歳以上の弟妹とその障害者においては、女性が男性より、就学年数が8.143年高いことを意味している。

〔参考文献〕

<日本語文献>
遠藤雅己 2015.「フィリピンにおける共同体意識の形成——共通語と宗教から見た植民地支配下における国家共同体意識形成の社会史——」『神戸国際大学紀要』(88) 6月 1-29.
後藤美樹 2004.「フィリピンの住民自治組織・バランガイの機能と地域社会——首

都圏近郊ラグナ州村落の住民生活における役割――」『国際開発研究フォーラム』(25) 2月61-80.
東江日出郎 2012.「フィリピンの国家・政治・社会構造変容と地方における非伝統的政治のダイナミクス」博士論文 名古屋大学大学院.
森壮也編 2010.『途上国障害者の貧困削減――かれらはどう生計を営んでいるのか――』岩波書店.
―――― 2017.「フィリピンにおける『ジェンダーと障害』」(小林昌之編『アジア諸国の女性障害者と複合差別』アジア経済研究所 137-167.
森壮也・山形辰史 2010.「フィリピンの障害者の生計――2008年マニラ首都圏障害調査から――」森壮也編『途上国障害者の貧困削減――かれらはどう生計を営んでいるのか――』岩波書店 59-87.
―――― 2013.『障害と開発の実証分析――社会モデルの観点から――』勁草書房.
横田弘 2015.『障害者殺しの思想 増補新装版』現代書館.
横田弘・立岩真也・臼井正樹 2016.『われらは愛と正義を否定する――脳性マヒ者横田弘と「青い芝」――』生活書院.
横塚晃一 1975.『母よ!殺すな』すずさわ書店.

＜英語文献＞
Agabin, P. A. 2011. *Mestizo: The Story of the Philippine Legal System*, University of the Philippines, College of Law.
Albert, Jose Ramon, Soya Mori, Celia Reyes, Aubrey D. Tabuga, and Tatsufumi Yamagata 2015. "Income Disparity among Persons with Disabilities, Assessed by Education and Sex: Accentuated Gender Difference Found in Metro Manila, the Philippines," *Developing Economies*, 53 (4) December: 289-302.
Churchill, P. R. 1993. "Cebu: Aberration or Model for Growth?" *Philippine Quarterly of Culture and Society*, 21, (1) March: 3-16.
Filmer, Deon 2008. "Disability, Poverty, and Schooling in Developing Countries: Results from 14 Household Surveys," *World Bank Economic Review*, 22 (1) : 141-163.
Hausmann, Ricardo, Laura D. Tyson, and Saadia Zahidi 2010. *Global Gender Gap Report 2010*, Geneva: World Economic Forum.
Illo, Jeanne Frances 1997. *Women in the Philippines*, Manila: Asian Development Bank.
Reyes, Celia M., Adrian Boyett D. Agbon, and Christian D. Mina 2016. *Poverty Alleviation of Women and Children with Disabilities in Cebu Province, the Philippines: First Progress Report*, Manila: Philippine Institute for Development Studies.
Verceles, N.A. 2014. *Livelihood Practices of Women in the Informal Economy: Forging Pathways Towards a Feminist Solidarity Economy*, A dissertation submitted in partial fulfillment of the requirements for the degree of Doctor of Social

Development, College of Social Work and Community Development, University of the Philippines, Diliman.

Yamagata, Tatsufumi 2015. "Livelihood: How Do PWDs Earn a Living?" In *Poverty Reduction of the Disabled: Livelihood of Persons with Disabilities in the Philippines*, edited by Soya Mori, Celia M. Reyes, and Tatsufumi Yamagata, London and New York: Routledge, 71-89.

索引

【数字アルファベット】

2002年 NSS 障害者調査　87, 92, 93
2009年無償義務教育に関する子どもの権利法（RTE）　21, 132
2016年障害者の権利法　132
Filmer　11, 56, 75, 79, 129, 179
PCW（フィリピン女性委員会）　7

【あ行】

「家」　110, 119, 120
医学モデル　3, 33
因果関係　5, 20, 55, 57, 71, 75, 87, 109, 110, 118, 120
インクルーシブ（な）教育　4, 24, 41, 130, 131, 133, 136
インド　9, 18-23, 85-88, 91-97, 99, 102, 108-111, 118-125, 129-138, 140, 141, 147, 148

【か行】

開発と女性　8
家事従事者　20, 106, 108, 119
家族　ii, 9, 17, 49, 95, 102, 110, 121, 132, 140, 154, 155, 164, 177-180, 187, 188, 192, 193
拡張質問セット　30, 40-43
教育
　義務――　6, 19-21, 57, 71, 72, 75-77, 80-82, 99, 129, 132, 133, 135, 138, 147
　――水準　19, 20, 55, 56, 58, 68, 71, 75, 76, 80, 94, 99, 119, 154, 177-181, 184, 191
　――普遍化キャンペーン（SSA）　131, 141
兄弟の就学年数格差　194
ケイパビリティ・アプローチ　9
ケース・スタディ　5
厚生水準　55, 56, 58, 71, 80

雇用　16, 40, 71, 86, 92, 93, 95, 104, 121-123
国際生活機能分類（ICF）　15, 29, 33, 35, 38, 40, 43
国際生活機能分類児童版（ICF-CY）　41
国勢調査　19, 20, 85-88, 91, 92, 96-98, 101, 102, 104, 108-111, 119, 121-124, 157
国連統計委員会（UNSC）　15, 35, 38, 43, 49, 50

【さ行】

細分化（Disaggregation）　18, 35-38, 44, 46, 47, 50
サラマンカ宣言　130, 131, 136
識字状況　166, 176
ジェンダー　ii, 4, 7-9, 11, 12, 16, 17, 24, 85, 95, 96, 129, 138, 147, 153-155, 178
　――と開発　8, 9
支出　19, 55, 56, 58, 68, 71, 75, 80, 85, 92, 94, 112, 118, 122, 125, 139, 149
持続可能な開発目標（SDGs）　i-iii, 3-6, 22, 36, 42-44, 46-48, 50, 129
実証分析　i, ii, 21, 95, 153, 166, 177, 178, 181, 184
指定カースト（SC[s]）　93, 105, 106, 110, 112, 119, 121, 133, 139, 141, 142, 145, 149
指定部族（ST[s]）　93, 105, 106, 110, 112, 119, 121, 133
社会　ii, iii, 3, 4, 7, 9-11, 16, 17, 20, 21, 29, 30, 32, 33, 35, 37, 40, 41, 46, 49, 50, 59, 81, 85, 86, 92-97, 101, 108-110, 118-120, 123, 129, 130, 133, 135, 136, 138, 147, 148, 153-156, 164, 177-179, 191, 192
　――経済調査（Susenas）　19, 55-61, 69, 73, 76, 79-81
　――モデル　i, 96, 109, 119, 130
周縁化　14, 85, 86, 120

就学
　——状況　11, 20, 21, 23, 56, 138, 149, 169, 173, 191, 193
　——年数　22, 178-180, 182, 184, 187, 188, 190-194
　純——率　182, 191
就労
　——状況　20, 93, 104, 112, 119, 170
　——率　93, 102, 104, 119, 122, 123, 166
障害児
　——教育　iii, 11, 14, 20, 24, 129-133, 136, 137, 147, 148
障害者　i-iii, 3-9, 11, 13-16, 18-20, 22-24, 29-32, 34-38, 40, 42-44, 46-50, 55-57, 59, 61, 62, 65, 66, 68, 69, 71-73, 80, 81, 85-88, 91-99, 101, 102, 104-106, 108-112, 114-125, 129-142, 145, 153-157, 160, 164-166, 171, 175, 177-180, 182, 184, 187, 188, 192-194
障害者権利条約　13, 18, 29-31, 33, 37, 38, 40, 42, 43, 48
障害者コミュニティ　4
障害者ジェンダー統計　16, 24
障害者に関する世界行動計画（WPA）　15, 16, 30, 32
障害（者）比率　56, 57, 59-62, 65, 66, 68, 80, 81, 91, 97, 98, 110-112, 114, 115, 117, 118, 156, 164
障害女性　i-iv, 3, 6-10, 13, 14, 16-23, 41, 55, 57, 61, 62, 65, 68, 69, 80, 85-88, 91-99, 101-104, 106, 108-112, 115-123, 125, 153-156, 160, 163-166, 169-171, 173, 175-178, 180, 182, 184, 187, 188, 191-193
障害統計　ii, iii, 6, 11, 15-18, 22, 24, 29-32, 34, 35, 37, 38, 42, 46-48, 81
障害の社会モデル　ii, 3, 15, 81, 86, 87, 96, 109-111, 118-120, 177, 192
所得　6, 13, 21, 37, 56, 75, 76, 104, 105, 108, 122, 139, 141, 147, 153, 155, 178, 192
生徒／学生　106, 108
世界保健機関（WHO）　15, 33, 38, 43, 47, 50, 88, 124

全国標本調査（NSS）　20, 86-88, 92-94, 97, 98, 104, 111, 121, 122, 130, 133, 137, 138, 145, 148
センサス　ii, 17, 22, 30-33, 35, 38, 40-42, 133, 134, 137, 140, 141, 148, 165
　——・データ・センター（CDC）　91, 121
　人口——　19, 50, 55-60, 62, 65, 66, 68, 71-73, 76, 77, 79-81, 156, 160, 164, 165
　人口・住居——　34
　人口・住宅——　32-36
粗就学率　181, 182

【た行】

代替的学習システム（ALS）　182
多段階・クラスター法　164
男女格差指数　8
中退　19, 57, 68, 71-73, 75-77, 79-81, 154, 173, 175, 176, 182
賃金　9, 71, 95, 122
伝統的社会　156
特別支援学校（SPED）　131, 133, 139, 141, 145, 182
ドロップアウト　57, 72, 75-77, 79, 80, 129, 145

【な行】

年金生活者　106, 108, 124

【は行】

被扶養者　20, 106, 108
貧困　i-iv, 3-8, 10-12, 17, 19, 21-23, 29, 56, 58, 82, 85, 86, 88, 102, 110, 112, 118, 122, 123, 125, 159, 165, 192
　——削減政策　iii
複合（的な）差別　i, 8, 13, 14, 21, 24, 85, 86, 192
複合性　120, 155
双子　57, 75-77, 79-81
不労所得生活者　106, 108

【ま行】

短い質問セット　33, 35, 38-43, 46-49
ミレニアム開発目標（MDGs）　i, ii, 3, 4,
　　22, 23, 34-36, 44, 48, 129
ミンサー方程式　153, 155
メトロ・セブ　157, 159, 160, 193
モニタリング　30, 32-36, 38, 40, 42, 46
物乞い・浮浪者等　106, 108

【ら行】

労働　20, 21, 35, 85, 95, 102, 104, 105,
　　117, 123, 176

【わ行】

ワシントン・グループ　iii, 15, 17, 18, 29,
　　30, 33, 35, 38-44, 46, 47, 49, 50

複製許可およびPDF版の提供について

　点訳データ，音読データ，拡大写本データなど，視覚障害者のための利用に限り，非営利目的を条件として，本書の内容を複製することを認めます（http://www.ide.go.jp/Japanese/Publish/reproduction.html）。転載許可担当宛に書面でお申し込みください。

　また，視覚障害，肢体不自由などを理由として必要とされる方に，本書のPDFファイルを提供します。下記のPDF版申込書（コピー不可）を切りとり，必要事項をご記入のうえ，販売担当宛ご郵送ください。折り返しPDFファイルを電子メールに添付してお送りします。

〒261－8545　千葉県千葉市美浜区若葉3丁目2番2
　　日本貿易振興機構 アジア経済研究所
　　研究支援部出版企画編集課　各担当宛

　ご連絡頂いた個人情報は，アジア経済研究所出版企画編集課（個人情報保護管理者－出版企画編集課長 043-299-9534）が厳重に管理し，本用途以外には使用いたしません。また，ご本人の承諾なく第三者に開示することはありません。

　　　　　　　　　　　　アジア経済研究所研究支援部 出版企画編集課長

PDF版の提供を申し込みます。他の用途には利用しません。

森　壮也編『途上国の障害女性・障害児の貧困削減』
【研究双書636】　2018年

住所 〒

氏名：　　　　　　　　　　年齢：

職業：

電話番号：

電子メールアドレス：

森　壮也	（アジア経済研究所　在バークレー海外調査員）	
小林　昌之	（アジア経済研究所　新領域研究センター主任調査研究員）	
東方　孝之	（アジア経済研究所　地域研究センター研究員）	
太田　仁志	（アジア経済研究所　地域研究センター副主任研究員）	
辻田　祐子	（ジェトロバンコク事務所　バンコク研究センター主任研究員）	
プラカーシュ・シン		
	(Indian Institute of Foreign Trade Consultant ［Assistant Professor］)	
山形　辰史	（アジア経済研究所　国際交流・研修室長）	

―執筆順―

途上国の障害女性・障害児の貧困削減
──数的データによる確認と実証分析──

研究双書No.636

2018年3月23日発行　　　　　定価［本体3200円＋税］

編　者　　森　壮也

発行所　　アジア経済研究所
　　　　　独立行政法人日本貿易振興機構
　　　　　〒261-8545　千葉県千葉市美浜区若葉3丁目2番2
　　　　　研究支援部　電話　043-299-9735
　　　　　　　　　　　FAX　043-299-9736
　　　　　　　　　　　E-mail syuppan@ide.go.jp
　　　　　　　　　　　http://www.ide.go.jp

印刷所　　日本ハイコム株式会社

Ⓒ独立行政法人日本貿易振興機構アジア経済研究所　2018
落丁・乱丁本はお取り替えいたします　　　無断転載を禁ず
ISBN 978-4-258-04636-2

「研究双書」シリーズ

(表示価格は本体価格です)

636	**途上国の障害女性・障害児の貧困削減** 数的データによる確認と実証分析 森壮也編　2018年　199p.　3,200円	途上国の脆弱層のなかでも，国際的にも関心の高い障害女性と障害児について，フィリピン，インド，インドネシアの三カ国を取り上げ，公開データや独自の数的データを用いて，彼らの貧困について実証的に分析する。
635	**中国の都市化と制度改革** 岡本信広編　2018年　241p.　3,700円	2000年代から急速に進む中国の都市化。中国政府は自由化によって人の流れを都市に向かわせる一方で，都市の混乱を防ぐために都市を制御しようとしている。本書は中国の都市化と政府の役割を考察する。
634	**ポスト・マハティール時代のマレーシア** 政治と経済はどう変わったか 中村正志・熊谷聡編　2018年　399p.　6,400円	マハティール時代に開発独裁といわれたマレーシアはどう変わったか。政治面では野党が台頭し経済面では安定成長が続く。では民主化は進んだのか。中所得国の罠を脱したのか。新時代の政治と経済を総合的に考察する。
633	**多層化するベトナム社会** 荒神衣美編　2018年　231p.　3,600円	2000年代に高成長を遂げたベトナム。その社会は各人の能力・努力に応じて上昇移動を果たせるような開放的なものとなっているのか。社会階層の上層／下層に位置づけられる職業層の形成過程と特徴から考察する。
632	**アジア国際産業連関表の作成** 基礎と延長 桑森啓・玉村千治編　2017年　204p.　3,200円	アジア国際産業連関表の作成に関する諸課題について検討した研究書。部門分類，延長推計，特別調査の方法などについて検討し，表の特徴を明らかにするとともに，作成方法のひとつの応用として，2010年アジア国際産業連関表の簡易延長推計を試みる。
631	**現代アフリカの土地と権力** 武内進一編　2017年　365p.　4,900円	ミクロ，マクロな政治権力が交錯するアフリカの土地は，今日劇的に変化している。その要因は何か。近年の土地制度改革を軸に，急速な農村変容のメカニズムを明らかにする。
630	**アラブ君主制国家の存立基盤** 石黒大岳編　2017年　172p.　2,700円	「アラブの春」後も体制の安定性を維持しているアラブ君主制諸国。君主が主張する統治の正統性と，それに対する国民の受容態度に焦点を当て，体制維持のメカニズムを探る。
629	**アジア諸国の女性障害者と複合差別** 人権確立の観点から 小林昌之編　2017年　246p.　3,100円	国連障害者権利条約は，独立した条文で，女性障害者の複合差別の問題を特記した。アジア諸国が，この問題をどのように認識し，対応する法制度や仕組みを構築したのか，その現状と課題を考察する。
628	**ベトナムの「専業村」** 坂田正三著　2017年　179p.　2,200円	ベトナムでは1986年に始まる経済自由化により，「専業村」と呼ばれる農村の製造業家内企業の集積が形成された。ベトナム農村の工業化を担う専業村の発展の軌跡をミクロ・マクロ両面から追う。
627	**ラテンアメリカの農業・食料部門の発展** バリューチェーンの統合 清水達也著　2017年　200p.　2,500円	途上国農業の発展にはバリューチェーンの統合がカギを握る。ペルーを中心としたラテンアメリカの輸出向け青果物やブロイラーを事例として，生産性向上と付加価値増大のメカニズムを示す。
626	**ラテンアメリカの市民社会組織** 継続と変容 宇佐見耕一・菊池啓一・馬場香織共編　2016年　265p.　3,300円	労働組合・協同組合・コミュニティ組織・キリスト教集団をはじめ，ラテンアメリカでは様々な市民社会組織がみられる。コーポラティズム論や代表制民主主義論を手掛かりに，近年のラテンアメリカ5カ国における国家とこれらの組織の関係性を分析する。
625	**太平洋島嶼地域における国際秩序の変容と再構築** 黒崎岳大・今泉慎也編　2016年　260p.　3,300円	21世紀以降，太平洋をめぐる地政学上の大変動が起きている。島嶼諸国・ANZUS(豪，NZ，米)・中国などの新興勢力による三者間のパワーシフトと合従連衡の関係について，各分野の専門家により実証的に分析。現代オセアニアの国際関係を考えるための必読書。
624	**「人身取引」問題の学際的研究** 法学・経済学・国際関係の観点から 山田美和編　2016年　164p.　2,100円	人身取引問題は開発問題の底辺にある問題である。国際的アジェンダとなった人身取引問題という事象を，法学，経済学，国際関係論という複数のアプローチから包括的かつ多角的に分析する。